川島博之

戸籍アパルトヘイト国家・中国の崩壊

講談社+α《プラスアルファ》新書

はじめに——経済で考えると中国の人口は四億

中国の人口は一三億人である。多くの人はそう思っていますが、それは少々間違っています。経済を語るとき、中国の人口は四億人と考えたほうがよいのです、一三億人ではなく。中国には九億人もの農民がいます。そして、彼らは都市に住む人々よりも決定的に貧しい。ここで農民と表現しましたが、より正確にいえば、農民戸籍を持つ人々です。戸籍のことについては本文中で詳しく説明したいと思いますが、中国では農民と都市戸籍を持つ都市住民のあいだには明確な区別や差別があります。そして、経済的にも厳然とした格差が存在します。

中国について知ろうと思うと、中国大使を務めた人や中国に勤務したことのあるジャーナリストが書いた本を読むことになりますが、彼らの多くは北京や上海に住み、取材などで地方に行くことがあっても、それは中核都市を訪れるだけ。農村を訪れることは、まずありません。

その結果、これまで日本人が中国人だと思っていたのは、都市に住む四億だけだった……そして九億人にも及ぶ農民は影のような存在であり、われわれの目に触れることはありませんでした。

そう、日本人は、都市に住む四億人程度の人々だけを見て、中国を知ったつもりになっていたのです。その結果、私たち日本人の中国に関する知識は、ずいぶんと歪《いびつ》なものになってしまいました。

農民と都市住民のあいだに大きな格差が存在する理由については、その歴史から考えてみる必要があります。差別を生んだ歴史を知ることは、中国の今後を考えるうえでも、とても重要なのです。

巨大な中国を考えるとき、目先の指標だけで今後を占うことはとても危険です。中国三〇〇〇年の歴史のなかに、今日の中国を位置付ける作業を行ってこそ、中国の未来をしっかりと見通すことができるのです。

私は、農林水産省や東京大学農学部で、世界の食料生産について研究してきました。その研究のために、数多くの国の農村を訪ね歩きました。なかでも中国は、一九九五年にアメリカのワールドウォッチ研究所のレスター・ブラウン所長が書いた『だれが中国を養うの

写真１　北京から車で3時間も走ると、どこまでも小麦畑が広がる

か?』が日本で大きな話題になったこともあって、特に関心を持って研究してきました。

調査旅行も、何度も行いました。ハルビン郊外の稲作地帯、雲南省の山岳地帯、広西チワン族自治区の区都・南寧《なんねい》から西に三〇〇キロも離れた農村、また内モンゴルの砂漠のなかの一軒家……それ以外にも、多くの農村を訪ね歩きました。

この二〇年ほどは大学で研究していたのですが、大学の研究費は限られています。そのため、大規模な調査を行うことができません。ただその代わり、大学には留学生という強い味方がいます。留学生を通訳代わりにして、その留学生の故郷を訪問する形で調査を行ったのです。これはなかなか有効な手法でした。短時間で有益な情報が得られるのです。

私が指導した中国からの留学生たちは、そのすべてが都市戸籍でした。だから、訪問するにしても都市を訪問することになってしまいますが、この留学生たちには親戚がいます。そして、中国の親戚の結束は固いのです。

学生の学業が無事修了して帰国した際などは特にそうなのですが、私たちが中国に着くと、大食事会が開催されます。そこには留学生の親類縁者が多数集合しています。

歓迎されるのは嬉しいのですが、私の訪問を出汁《だし》にして、親類縁者が集まってパーティーを開いているともいえます。日本語が通じるのは留学生だけ……親類縁者のほぼ全員が日本語も英語も話せませんから、最初の挨拶《あいさつ》が終わると、親類縁者は私の存在などすっかり忘れ、宴会に興《きょう》じることになります。

しかし、この宴会はたいへん役に立ちます。事前に留学生に農村を訪問したい旨《むね》を伝えておくと、必ず地方に住むおじさんやおばさんを宴会に招いて紹介してくれるからです。

お酒が入ったこともあり、宴会では、おじさんやおばさんたちとすっかり打ち解けます。そして翌日になると、その親類縁者が私と留学生を車に乗せて、彼らが住む周辺の農村に連れていってくれるのです。

儒教文化が根底にあるため、中国で「先生」は、それなりに尊敬されます。親類の子どもが東京でお世話になった「老師」（中国語で先生）ということで、非常に親切にしてくれるのです。そして彼らの案内で、知り合いの農家をも訪ね歩くことができる。もちろん通訳は留学生です。

訪ねた農民も、東京から来た「老師」にはみな親切で、熱心にお茶やお菓子を勧めてくれます。そして質問に応じて、いろいろな話を聞かせてくれるのです。その際、反日感情を露《あらわ》にした人に会ったことは、一度もありません。みんな、とても友好的でした。

一昔前は、勧めてくれたお茶の容器が汚くて、どうしても飲みたくないと思ったものですが、最近は農家といえども、それほど不衛生に感じることはなくなりました。ただそれでも、日本に比べればまだ十分に汚いですが……。

このような調査旅行を含め、会議などを併せると、この二〇年で四〇回ほど中国を訪問してきました。滞在日数を通算すると、三〇〇日に近づくでしょう。そのたびに、地方都市から車で一時間ほどしか離れていない農村が、なぜこれほどまでに貧しいのか、と思いました。なぜ都市住民とは同じ民族ではないと思ってしまうほど、その風貌に違いがあるのか……日本で経験することのない都市と農村の格差に疑問を持って帰国するのが常でした。

疑問を解明すべく、中国の歴史に関する本を読みあさりました。その理由が歴史にあると思ったからです。

その結果、農民をキーワードにすると、中国や中国人の行動原理がよく分かることに気づきました。中国は、その歴史のなかで、常に農業国でした。その国民の多くは農民だったのです。中国の歴史とは、多くの農民を統治する歴史、と言い換えてもよいのです。

本書では、農民戸籍と都市戸籍をキーワードにして、中国の近未来について語りたいと思います。現在、九億人もの農民がいることと中国の歴史を重ね合わせてみると、経済や軍事について、これまで見えなかったことが見えてきます。都市戸籍を持つ四億人が農村戸籍の九億人から搾取《さくしゅ》する「戸籍アパルトヘイト」のもとで達成した経済成長の限界も露呈します。そして、崩壊が目前まで迫っている二〇二〇年の中国の姿が、明確に浮かび上がってくるのです。

減速傾向が明らかになった中国経済の行く末や、尖閣《せんかく》諸島での日中の軍事衝突の可能性を考える際に、本書はみなさまに「目から鱗《うろこ》」の視点を与えることができると確信しております。

目次◉戸籍アパルトヘイト国家・中国の崩壊

第三章 田中角栄なき中国農民の悲劇

第四章　アメリカへの挑戦が早めた崩壊

序　章　中国奥地の異様な風景

無人のマオタイ村を照らす照明

二〇一六年の一二月、中国南西部にある貴州省のマオタイ村を訪れました。貴州省は中国で最も貧しい省の一つとされており、その農村部を見たかったのです。また、マオタイ村には有名なマオタイ酒を造る工場があり、そこに多くの農民が働いていると聞いていたため、その実態を知りたかったということもあります。

飛行機で貴州省の省都・貴陽に降り立ち一泊して、次の日に車でマオタイに向かいました。貴州省は貧しい省といわれていますが、マオタイへは途中まで高速道路があり、それを降りても道は舗装されていました。

農村の道路は、一〇年ほど前に比べ、見違えるほどによくなりました。農業に関するインフラの整備も進みました。河川に小さな灌漑《かんがい》用のダムを見かけることもあります。ただ、車窓から見える農村の風景は、いまでも一昔前とそれほど変わらないもの……貧しそうな家並みが続いています。

マオタイ酒は高級酒として知られていますが、習近平《しゅうきんぺい》が行っている汚職撲滅《ぼくめつ》運動によって、消費量が大きく減少してしまいました。というのも、マオタイ酒は汚職の際に贈答品として使われるほか、接待で大量に消費されていたからです。

写真２　マオタイ村の夜景

マオタイ酒を製造している工場の担当者に話を聞くことができました。担当者は、汚職撲滅運動が始まった当初は消費が大きく落ち込んだが、プレミアムが付いて高騰していた末端価格が下落すると、一般の需要が増えて、消費は持ち直したといっていました。

ただ、その消費に一時の勢いはないともいいます。マオタイ酒が飛ぶように売れたのは、習近平が就任する直前の数年間だったそうです。振り返れば、その頃が、バブル景気の頂点だったのでしょう。

マオタイ村は、その気候から、マオタイ酒を造り出す菌が生育し易いのだそうです。マオタイ酒は、昔はそれほど有名ではなかったのですが、周恩来《しゅうおんらい》元首相が好んで国賓《こくひん》の歓迎会などで用いたことから、その名声が一気に全国に轟《とどろ》くようになったそうです。その恩に感謝するためだそうですが、マオタイ酒工場の前に、周恩来の大きな像が立っていました。

貴陽から車で片道四時間ほどかかるので、日帰りの視察は無理でした。マオタイ村で一泊することになりましたが、驚いたのは、その夜景です（前ページ写真2）。村の隅々にまでイルミネーションが施されており、その夜景が極めて美しいのです。

ここに掲載した写真は、そのほんの一部ですが、村中が照明によって照らし出されており、まるで映画に出てくる幻想的な都市に紛《まぎ》れ込んでしまったようでした。

先述の通り、訪ねたのは一二月。そのためにホテルは閑散《かんさん》としており、夜間に街を出歩く人はいませんでした。

寒かったのですが、好奇心から、街を見下ろす高台に登ってみました。街中が明るいから安心して歩けます。高台の頂上には、長征の際に共産党軍がマオタイ村を流れる川を苦労して渡ったことを記念する碑が立っていました。その題字は江沢民《こうたくみん》元総書記によるものでした（写真3）。村一番の観光スポットなのでしょう。そこからきれいな夜景を見ることができます（写真4）。しかし、そこには私たち以外に誰もいませんでした。

酒造業だけでは経済発展に限界があるために、マオタイ村は、本場のマオタイ酒を飲める街として観光に力を入れているとのことでした。それが街並みをイルミネーションで飾り立

写真３　江沢民の題字がある碑

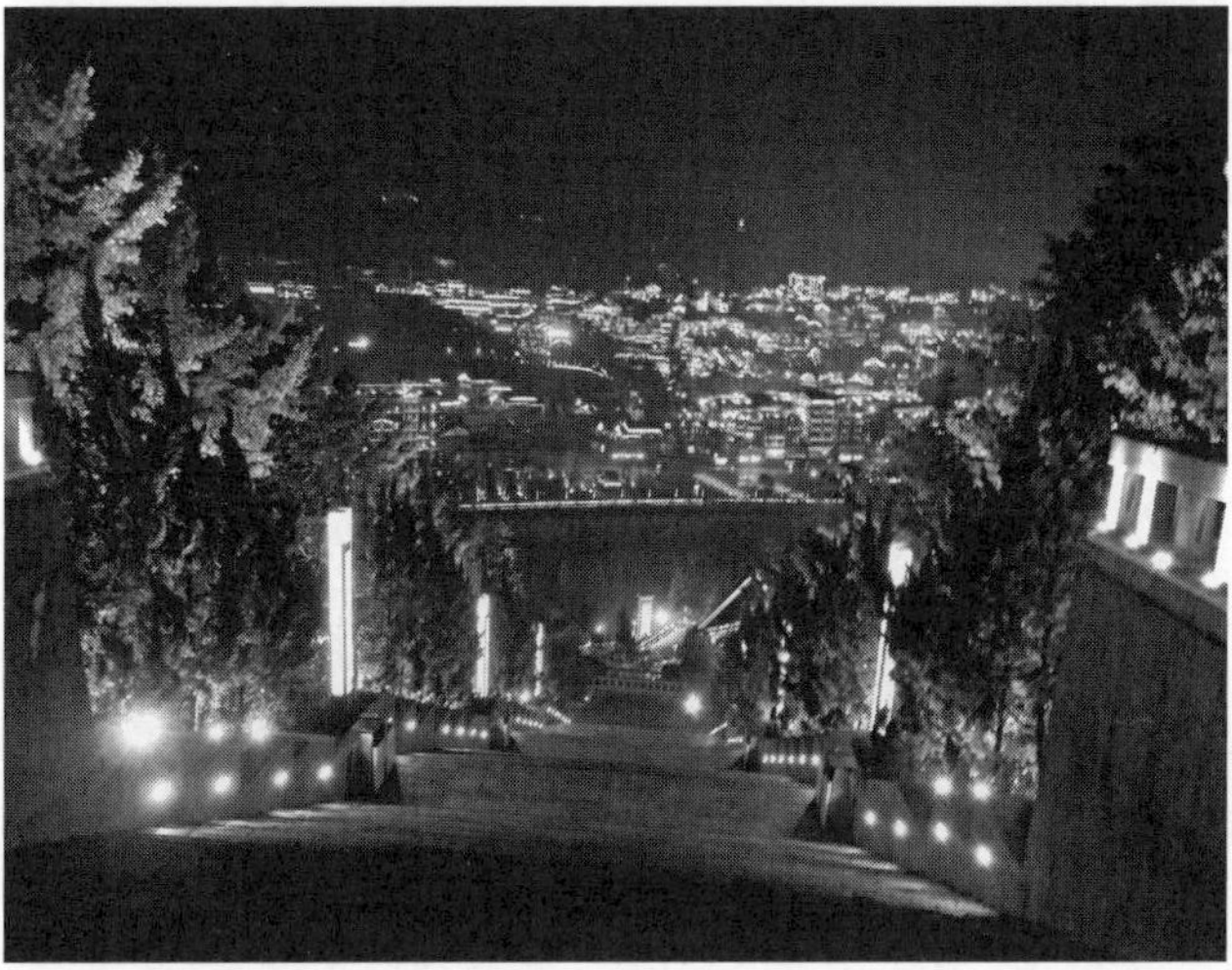

写真４　村一番の観光スポットから

てた理由です。

ただ、マオタイ村は極めて辺鄙《へんぴ》なところにあります。そもそも貴州省が辺鄙なところなのです。そしてマオタイ村は、省都である貴陽市から車で四時間もかかる……その不便さを解消するため、マオタイ村の近くに空港を建設しているといっていましたが、その説明には、大いに違和感を覚えました。なぜなら、確かにマオタイ酒は有名ですが、それを造っている工場を見てみたいと思う人は、それほど多くないと思ったからです。

風光明媚《ふうこうめいび》な場所に観光に行ったついでに、その地方の名酒を造っている工場を見学に行くことはあるでしょうが、お酒を造る工場を見学するために旅に出ることは、それほどないでしょう。マオタイ村は山間の農村地帯にあります。わざわざ空港を造っても、それほど観光客を集めることはできないのではないでしょうか。

現に、私が訪れた際にも、ホテルや観光スポットはガラガラ……お節介《せっかい》なことかもしれませんが、映画祭によって街を盛り上げようとして失敗した北海道夕張《ゆうばり》市のようになってしまうのではないかと思いました。

それにしても、観光客がほとんどいない冬に、なぜこのように街中をイルミネーションで煌々《こうこう》と飾り立てる必要があるのでしょうか——。

その理由は、中国共産党の人事に関係しているようです。二〇一六年当時、貴州省の共産党委書記（省のトップ）は陳敏爾《ちんびんじ》でした。彼は二〇一五年七月に貴州省の党委書記に就任しました。陳敏爾は習近平の側近として有名な人。習近平が浙江《せっこう》省の書記をしていたときに、宣伝部長として、習近平の演説草稿や寄稿文の代筆をしています。その原稿の出来がよかったために、習近平は出世することができたともいわれています。

習近平は、陳敏爾を有能であると思うとともに、恩義をも感じているようです。その後、陳敏爾は党中央委員になり、失脚した孫政才《そんせいさい》に代わって重慶市の党委書記になりました。

中国共産党の中心には約二〇〇名の中央委員がいる。その上に約二五名の政治局員がいますが、現在、平の政治局員は一八人で、七人は政治局常務委員です。この七人がいわゆるチャイナ7《セブン》です。

現在、そのチャイナ7は、習近平、李克強《りこっきょう》、王岐山《おうきざん》などによって構成されています。

習近平は、二〇一七年秋の党大会で、陳敏爾を一気に政治局常務委員に抜擢《ばってき》するつもりだと噂《うわさ》されていましたが、そのために陳敏爾は、実績を示さなければなりません。その実績とは、担当した地域を発展させること。最も分かり易い指標がGDPです。担当した地域のGDPを増やせば、実績を上げたことになるのです。

そのことを知れば、集客が見込めない観光地に空港を造っていることや、冬で街が閑散としている時期でもマオタイ村全体を照明で煌々と照らしていることに納得がいきます。

そう、そのすべてがGDP増大につながるからです――。

公共事業はもちろんですが、街に煌々と明かりを灯《とも》せば、電力消費量の増加につながります。すると、もちろん、GDPの増大に貢献するのです。

そして電力消費量は、経済の実態をよく示す指数として、「李克強指数」（その他に、鉄道貨物輸送量と銀行融資残高を挙げている）にも取り上げられています。だから、電力消費量が伸びれば陳敏爾の実績になる。こうして観光客が誰もいない街に煌々とイルミネーションが灯っていたのです。

このように中国では、短期間の実績だけが重要なのです。それが、長期的には負債の増加につながり地方経済に悪影響を及ぼすとしても、陳敏爾には関係がありませんでした。

こうした無責任な考えは、中国の歴史に深く根ざしています。そのことについては、本書のなかでじっくりと説明したいと思いますが、誰もいない街に煌々と輝く照明は、中国社会が有する矛盾《むじゅん》を示しているといってよいでしょう。

現在、中国のGDPは、このような施策によって嵩上《かさあ》げされているのです。中国政府が発表するGDPを、そのまま信じることはできません。そして、そのような政策に持続性がないことも明らかでしょう。

写真５　閑散とした新幹線のホーム

大物官僚ゆえの桁違いの無駄遣い

二〇一五年の一一月にも、同じようなことを経験しています。それは教え子の親戚が住んでいる遼寧省《りょうねいしょう》営口《えいこう》市を訪ねたときのことでした。営口市は大連市から北に二〇〇キロほど離れた小さな港町です。その昔は漁業や海運業で栄えたそうですが、いまは漁業も海運業もともに衰退してしまい、なんの変哲もない田舎町でした。

新幹線に乗って大連から営口まで行きましたが、車内は空席が目立っていました。というのも、大連と北京を結ぶ新幹線には二つのルートがあるからです。海沿いの新幹線はできたばかりだったのですが、山沿いを通る新幹線がメインに使われており、海沿いを利用する人は少ないのだそうです。

前ページの写真5は朝靄《あさもや》に煙《けむ》る宮口東駅のホームを撮影したものですが、列車が到着する直前になっても、ホームは閑散としていました。乗り降りする人が極端に少ないのです。それを見て、本当に宮口を通る新幹線が必要だったのか、疑問に思いました。どう考えても過剰投資です。

その思いは、宮口の市内を見学したあとに、確信に変わりました。写真6は、宮口の海岸に作られた海浜公園です。きれいに整備されており、遠くに見える円形の建物は野外劇場だそうです。

訪ねた日はとても寒かった。私が訪問する二日前は雪が降ったそうで、建物の軒先に氷柱《つらら》が垂れ下がっていました。そんな気候です。当日は好天だったにもかかわらず、海浜公園に遊ぶ人は、ただの一人もいませんでした。公園には広大な駐車場がありましたが、公園管理人と思われる人の車が、ぽつんと一台止まっているだけです。

この公園がにぎわうのは、夏の二ヵ月間だけだそうです。夏にはお祭りが催されて、大勢の人が集まるといっていましたが、残りの一〇ヵ月間は、私が見たような光景が続く……。

しかし、施設を維持するために、多額の費用が必要になります。そう考えれば、年に二ヵ月しか人が来ない海浜公園は、壮大な無駄遣いといってもよいでしょう。

写真6　営口市の海浜公園

写真7　誰も住む人のいないマンション「鬼城」

海浜公園の近くには、中国名物の「鬼城」(住む人のいないマンション)がありました。前ページの写真7は、途中で建設が止まったマンションです。その他にも、完成したものの買い手が付かないヨーロッパ風のゴージャスな一戸建てなどがありました。

市役所の幹部だけが買える物件

販売している物件のなかにある事務所を訪ねてみましたが、他にお客もなく、よっぽど暇なのか、女性販売員は私が日本人であることを知りながら、長時間にわたって愛想よく案内してくれました。販売員によると、このようなゴージャスな物件を買うのは、営口市の市役所の幹部に限られるそうです。

ちなみに教え子の親戚は、こうした販売員の月給は二〇〇〇元(約三万二〇〇〇円)くらいだろうといっていました。安月給だからか、真剣に売る気はないようです。まあ、仕方なしに営業しているといった雰囲気でした。

ではなぜ、このような壮大な無駄遣いが行われたのでしょうか。この開発も、中国共産党の人事に関連しています。営口の開発を押し進めたのは、首相、李克強でした。

李克強は、二〇〇四年から二〇〇七年まで、遼寧省の党委書記を務めていました。そして、その直後に、中央委員から政治局員を飛び越えて、一気に中央政治局常務委員に選出されています。それは胡錦濤《こきんとう》の時代でした。

李克強は共産主義青年団に属しており、胡錦濤とは昔からの知り合い。胡錦濤は、彼の後継者として、李克強を引き立てていたのです。それは、習近平と陳敏爾の関係にそっくりといえるでしょう。

さて、遼寧省の党委書記になった李克強は、実績を強く求められました。そして、それに応えるべく、渤海《ぼっかい》湾沿岸の総合開発を押し進めた。大連と北京を結ぶ新幹線は、その一環として建設されました。

営口の開発は、寒村を一大工業都市にしようとした野心的な計画でした。工業団地を造るために、広い土地も用意された。しかし、その頃から、中国では工業部門の過剰投資問題が話題になり始めました。その結果、工場用の土地を整備したにもかかわらず、営口に進出してくる工場はほとんどなかった。地元の人は、工業団地はガラ空きだといっていました。

工場が造られなければ、人口が増えることもありません。当然、マンションもゴージャスな一戸建ても、その多くが売れ残ってしまいました。そして、海浜公園を訪れる人もいません。

働く場所がないために、営口の若者は、高校を卒業すると大連など大都市に出て行きます。チャンスがあれば、北京、上海、深圳《しんせん》などで働きたい、それが営口の若者の夢だそうです。これが、李克強が自己の出世のために行った事業の夢の後です――。

現在、李克強の実績づくりは、営口市にとっては重い足かせになっているようです。それは、各種の施設の維持に費用がかかるためです。住宅開発は、基本的には民間業者が行いますが、中国で土地関連事業は地方政府の指導下で行われますから、その資金繰りには市政府が関与していると見てよいでしょう。

その結果、市の財政は困窮《こんきゅう》しているようです。中国では、市民が財政について詳細な情報を知らされることはないのですが、案内してくれた人は、「市の幹部は地元出身者が占めることが多かったのですが、この頃は余所者《よそもの》が任命されます。市は問題を抱えているようです」と、小声で教えてくれました。

地方に派遣された官僚は、実績づくりのため、無駄な公共投資を行っています。なかでも李克強や陳敏爾は大物なので、その無駄遣いは、スケールが桁外《けたはず》れに大きいのです。

地方や農村を訪ねると、中国の経済発展の歪さがよく分かります。日本もバブル崩壊後に、無駄な公共投資によって経済を維持しようとしましたが、貴州省のマオタイ村や遼寧省の営口市で見た風景は、万里の長城を造り上げた国であるだけに、さすがにスケールが違うなーと思ったものです。それは、今後、中国経済にとって、間違いなく重い足かせとなるでしょう。

第一章　九億の農民から搾取する四億の都市住民

来日しても都市住民が農民を搾取

中国は、都市戸籍を持つ四億人と、農民戸籍を持つ九億人からなる国、戸籍アパルトヘイト国家です。まず、農民戸籍を持つ人々と都市戸籍を持つ人々の違いについてお話ししましょう。発展から取り残されてしまった農民戸籍を持つ人々について理解しない限り、中国を理解したことにはならないからです。

都市戸籍と農民戸籍——それは日本の江戸時代の身分制度のようなものです。武士の子どもとして生まれれば武士、農民の子どもとして生まれれば農民になります。「おぎゃー」と生まれ落ちたときに、身分が決まるのです。このような、とても二一世紀とは思えない制度が、中国には厳然として存在します。

この制度は、中華人民共和国が成立したのち、共産党によって作られたものです。ただ、それを共産党の悪政として片づけることはできないと思います。なぜなら、それは中国社会に深く根ざす感情を背景にして作られた制度だからです。

現在、農民戸籍を有する人は九・三億人。都市戸籍は三・八億人に過ぎません。なんと人口の七割が農民戸籍なのです。これは中国政府が二〇一〇年に行った調査であり、公式な数字です。

農民戸籍と都市戸籍には、次のような違いがあります。農民戸籍を有している成人は、国から農地の配分を受けることができます。ただ、中国の農地面積は一億ヘクタールしかないので、配分される農地は地方によって異なりますが、平均すれば一人当たり〇・一六ヘクタール程度しかありません。夫婦二人に老人が一人いても、農家一戸に配分される農地は〇・五ヘクタール程度ですから、これではとても豊かな生活を送ることはできません。

ちなみに日本の農家は、二〇一六年の一経営体当たり経営耕地面積が二・七四ヘクタールです（「農業構造動態調査」二〇一六年）。

中国では、農民は国から農地を借りる。貰《もら》うわけではありません。あくまで農地を使用する権利であり、所有権ではないのです。このことは後に説明しますが、重要な問題を含んでいます。

農民は、健康なら、いつまでも働くことができます。つまり定年がありません。そのため中国では、農民には十分な年金制度がありません。また、農民戸籍の医療保険は都市戸籍とは別であり、都市戸籍の人のほうが有利になっています。

近年は規制がゆるくなってきましたが、農民戸籍の人が都市に移り住んでも、子どもを都市の小学校や中学校に通わせることはできません。そのため、子どもを故郷に残して働くことになります。これが、いわゆる「農民工」です。現在、農村から都市に出て働いている人は、なんと約三億人にもなっています。

こうして現在、中国の都市には、都市戸籍を持つ四億人と、農村から移り住んだ三億人、合わせて七億人が住んでいます。約三億人が都市に移り住んでいるため、いま農村に住んでいる人は、約六億人です。

日本に爆買い旅行に来る中国人、彼らのほぼすべては、都市戸籍です。ただ、中国人観光客がよく来る店でアルバイトをしている留学生から聞くと、ごく最近になって、農村から来る観光客もいるそうです。ただ例外なく、彼らは安いツアーでやって来るそうです。留学生は、その身なりや言葉遣いで、すぐに農民であることが分かるといっていました。

最近、中国の観光客は「モノ」の消費から「コト」の消費に変わったなどといわれますが、日本でしか体験できないことを楽しんでいる人々は、そのすべてが都市戸籍を持つ人々です。農民は、ツアーでやって来て、秋葉原の量販店で買い物をして、ただ帰っていきます。

留学生にいわせると、農民相手のツアーは、貧しい人でも参加できるよう激安に設定されているとのこと。その結果、旅行会社はツアーだけでは利益を上げることができません。よって、このようなツアーでは、必ず客をツアー会社と組んだ量販店に連れて行きます。そこで、日本土産《みやげ》を買わせるのですが、それは決して安くはないそうです。

しかし、田舎から出てきた農民は知識に乏しく、添乗員にいわれるまま、高価な土産を買う……旅行会社は量販店からキックバックを貰って、それによって何とか利益を出しているのです。日本にあるその量販店は、中国人が経営しています。そう、中国人（都市住民）が中国人（農民）を騙《だま》しているのです。

こうした農民は、故郷に帰って、騙されたと気づきます。日本ではほとんど報道されませんが、それが中国では、大きな社会問題になっています。このエピソードからも、現在、中国の農民がどのような状況にあるのか、垣間見《かいまみ》ることができるでしょう。

日本の出稼ぎと中国農民工の違い

中国では、都市に出て働く農民を「農民工」と呼んでいますが、このような呼称は、日本には存在しません。ただ日本でも、一九五〇年代から一九七〇年代にかけて、多くの農民が都市に出て働いていました。農繁期は農業に従事し、農閑期だけ都会で働く人々は、「出稼ぎ」と呼ばれました。

集団就職もありました。集団就職とは、中学を卒業した人が学校の先生に連れられて大都会に出てきて、集団で就職することです。集団就職が盛んだったのは一九六〇年代。農村から都市に出てきた若者が、日本の高度経済成長を支えたのです。

経済が急速に発展していた一九六〇年代、大都会では、労働力が常に不足していました。集団就職で大都会に出た若者は雇用主から「金の卵」と呼ばれましたが、それは彼らが低賃金でこき使われたことを意味しています。

しかし、日本では集団就職で都会に出てきた人々が差別的な扱いを受けることはありませんでした。そして、時が経つに連れて、彼らもいつしか、都会の人になっていったのです。いまでも、正月やお盆に故郷に帰省する人が大勢います。彼らは農村の出身ですが、現在は完全に、東京人、あるいは大阪人です。日本には、都会の人と田舎の人は別の人だと考える思想はありません。

——それに対して中国では、「農民工」という言葉が作られました。

「農民工」という言葉は、一九八〇年代から一九九〇年代にかけて、自然発生的に生まれたようで、それは、農村から出てきた人々を、元から都市に住んでいた人と分ける、一種の差別用語です。その差別用語が、れっきとした中国語になるところが、中国の中国たる所以《ゆえん》です。

農村部の小都市住民の六割の戸籍

人口ピラミッドは多くのことを教えてくれます。若い人が多く年寄りが少ない国は活気に

図表1　学歴構成（都市3.8億人）

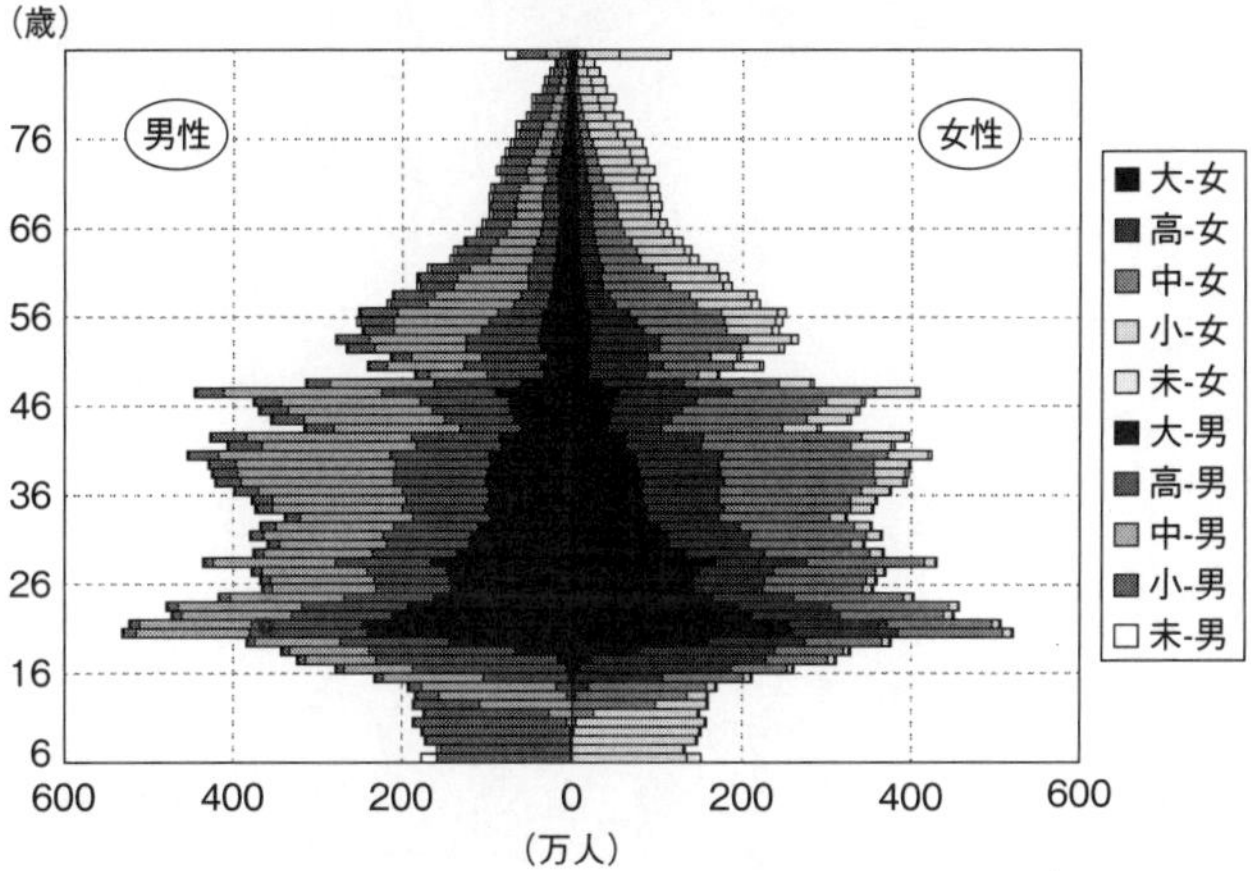

溢《あふ》れますが、その反面、不安定です。そのような国はアフリカや中近東に多くあります。そこでは頻繁《ひんぱん》にクーデターや内戦が起こっています。

その反対が日本です。まあ、活気はないものの安定しているといってよいでしょう。ヨーロッパや旧ソ連の多くの国が日本と同じような状況にあります。

社会を見るうえでは、学歴も重要な判断基準になります。大学や大学院を卒業した人が多い社会は知的な活動が活発であり、ハイテクなど新たな産業を生み出す能力があります。反対に、小学校や中学校程度の教育しか受けていない人が多い社会で、ハイテク産業が栄えることはないでしょう。

ここでは、中国の社会を人口ピラミッドと学歴から見てみることにしましょう。これは、中国社会の解剖図《かいぼうず》といってもよいものです。本書の核心ともいえる部分なので、少し詳しく説明します。

多くの場合、中国の統計は、都市と農村に分けて集計されています。都市は「城市」と書き表されます。農村は「郷村」です。「城市」と「郷村」に分けてデータが集計されていることが多いのですが、時に「鎮《ちん》」という分類に出くわします。この「鎮」は農村部にある小さな都市を指しますが、多くの統計では「鎮」は都市として集計されています。

中国政府は戸籍と学歴を「城市」「鎮」「郷村」に分けて集計しています。ここでは、その中身について見ることにしましょう。

前ページの図表1に都市、図表2に鎮、図表3に農村の人口ピラミッドを示します。人口ピラミッドでは、人口は都市が三・八億人、鎮が二・五億人、農村が五・六億人となっています。その合計は一一・九億人です。

これは中国政府が総力を挙げて行った悉皆《しっかい》調査（すべてを調査する）の結果ですが、学歴などを聞くことができたのは一一・九億人でしかなかったようです。中国政府は二〇一〇年の総人口を一三・四億人としていますから、約一・五億人が、この調査から漏れています。

なお戸籍のデータでは、都市人口が四・〇億人、鎮が二・六億人、農村が六・五億人となっています。この調査でも、合計は一三・一億人にしかなりません。やはり三〇〇〇万人ほ

図表2　学歴構成（鎮：小都市2.5億人）

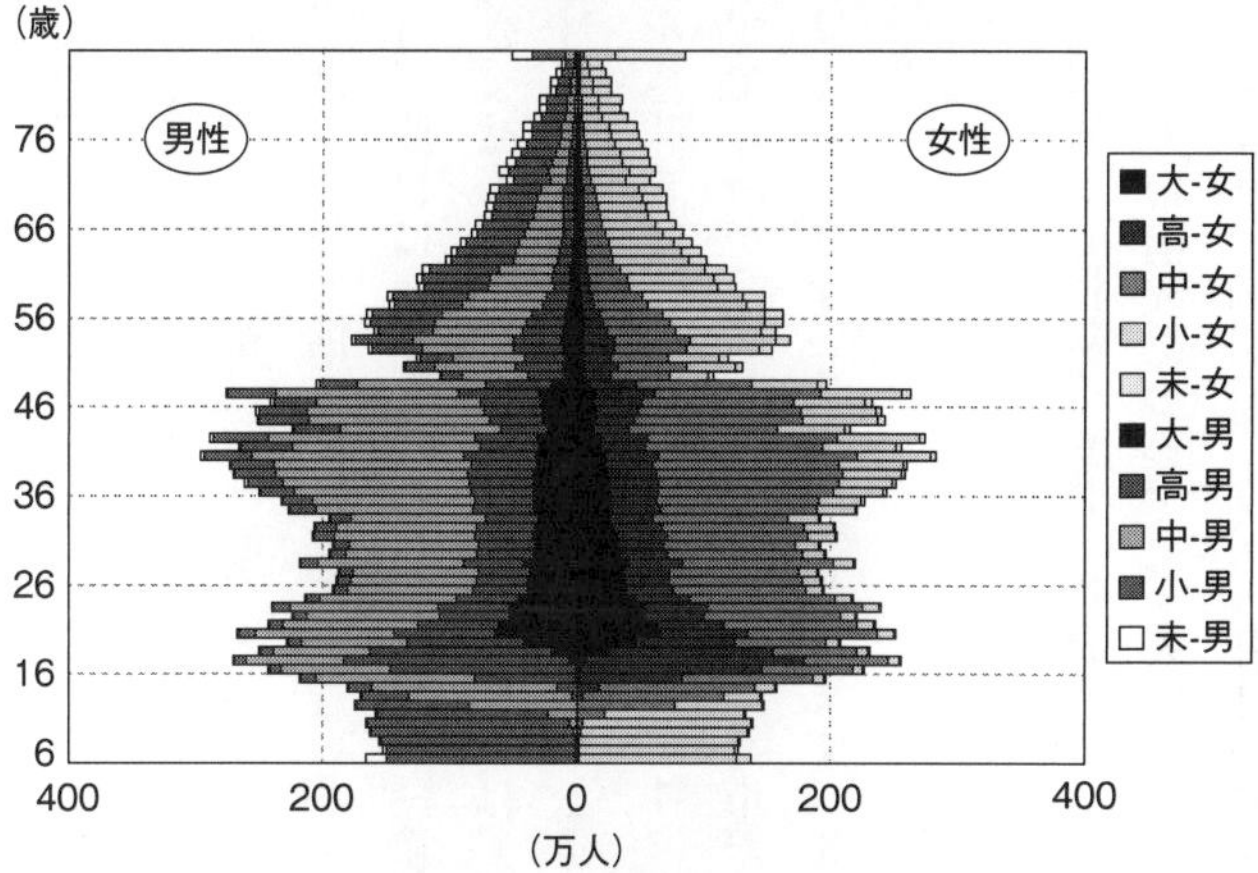

図表3　学歴構成（農村5.6億人）

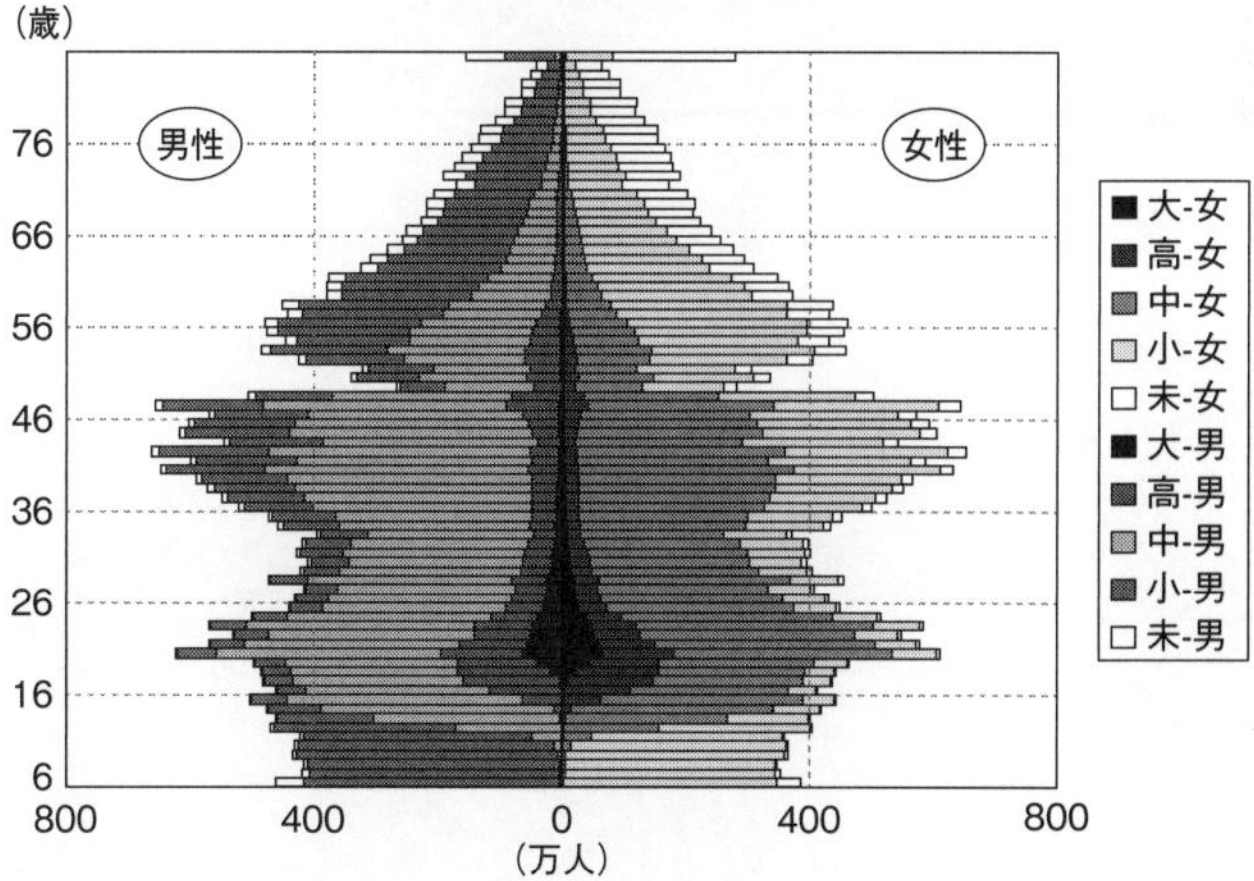

どが漏れています。

ここで、都市に住む人の二六％が農民戸籍です。鎮ではその割合は六二％にもなります。鎮は農村のなかにある小さな都市を意味しますが、大都会である城市と異なり、そこに住む多くの人は農民戸籍。鎮は都市というより、その実態は、農村と考えてもよいでしょう。大都市とは、その生活水準に大きな違いがあります。

一方、農村に住む人の九六％は農民戸籍です。都市戸籍を持ちながら農村に住む人は四％に過ぎません。中国では、都市と農村は、明確に区別されているのです。

なお、中国政府は都市人口を七億人と発表していますが、それは鎮を含めた人口です。大都会を意味する城市だけなら四億人です。

中国で経済が発展しているのは大都市だけですから、このことからも、中国を一三億人の国と見てはいけないことが分かります。先進国型の消費社会に住んでいるのは、四億人だけなのです。

大躍進政策と団塊の世代の関係

次に、人口構成について考えましょう。中国の人口ピラミッドは、日本によく似ています。なぜなら中国にも、団塊《だんかい》の世代や団塊ジュニアが存在するからです。よってピラミッド

図表4　学歴構成（全人口、2010年）

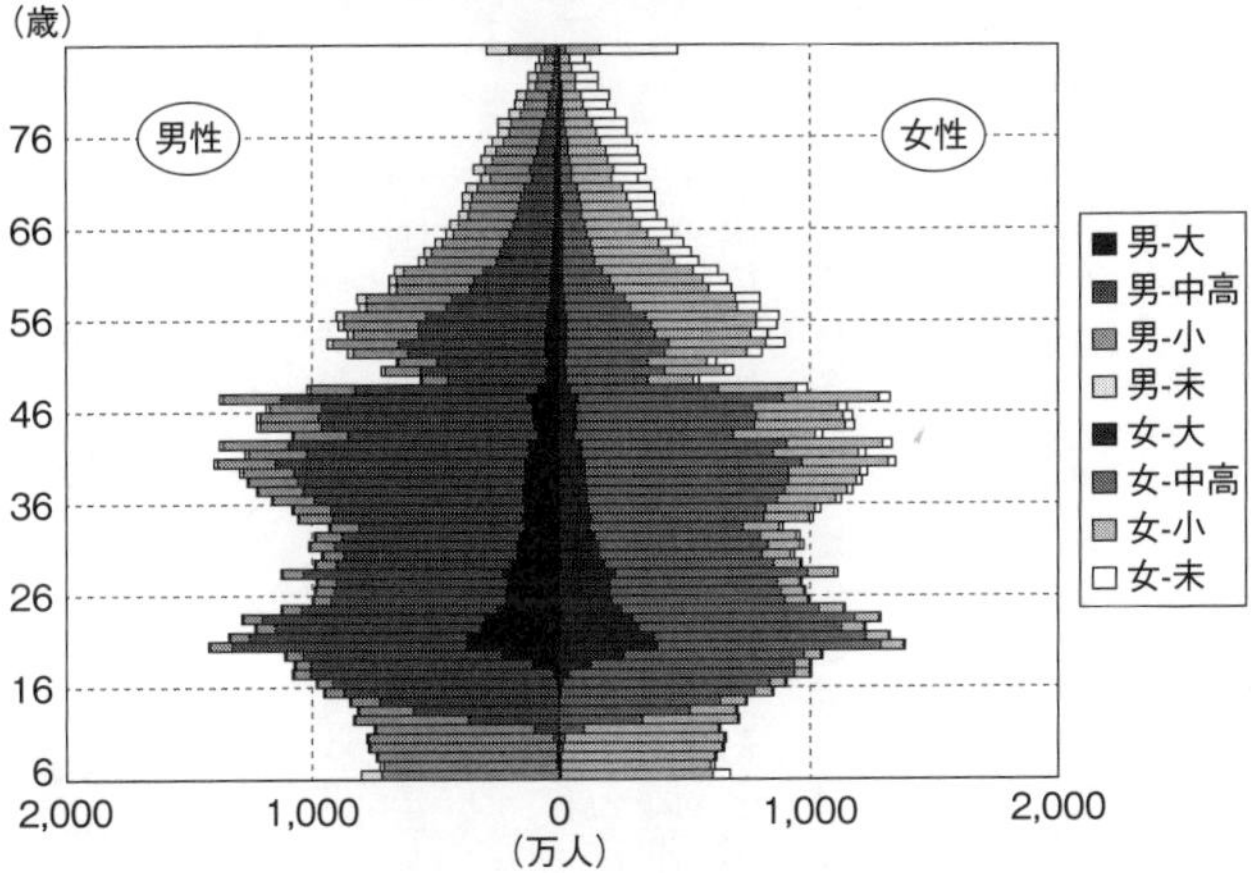

には、二つのピークがあります。

図表4は二〇一〇年のものですが、四九歳の人口が著しく少ないことが分かるでしょう。その人たちは一九六一年生まれ——これは何を意味するのでしょうか。

日本の団塊の世代は、第二次世界大戦が作り出したものです。戦争で多くの人が亡くなりました。そして若者の多くが出征しましたが、敗戦によって彼らが復員し、戦争で失った命を補うがごとく、子作りに励んだのです。それが団塊の世代を作り出しました。

そのため日本では、一九四七〜四九年生まれが著しく多くなっています。そして団塊ジュニアは、その子どもたちです。彼らは一九七一〜七四年に生まれています。

日本に団塊の世代ができた原因は、先述のように戦争です。それでは、なぜ中国に団塊の世代が存在するのでしょうか。

その理由は、大躍進政策です。毛沢東《もうたくとう》は、アメリカが支援していた蔣介石《しょうかいせき》を台湾に追いやって、一九四九年に中華人民共和国を建国しました。中華人民共和国は社会主義を国是《こくぜ》とする国。そのことだけでもアメリカから嫌われているのに、一九五〇年に朝鮮戦争に参戦し、アメリカとの対立を決定的なものにしてしまいました。

こうして中国は国際的な孤立を深めました。海外援助などを受けて経済発展する道が閉ざされてしまったのです。毛沢東は、そのような事態を打開しようと、一九五八年から始まった第二次五ヵ年計画において、工業生産の飛躍的な増大を目標にしました。そうして無謀ともいえるプランを推し進めます……大躍進政策です。

大躍進政策が荒唐無稽《こうとうむけい》であったことを示すためによく引き合いに出されるのが、鉄の増産です。鉄は武器を作るために欠かせませんが、当時、中国の鉄の生産量は多くはありませんでした。

どうしても鉄鋼生産量を増やしたい――そう思った毛沢東は、農民に鉄を作らせることを考えます。農村に小さな溶鉱炉を作って、人海戦術で鉄を増産するのです。

しかし農村には、製鉄に不可欠な石炭がありませんでした。毛沢東は、石炭の代わりに山の木を伐採して炭を作ることを命じます。

農民を利用した人海戦術は、それまで日本や蔣介石との戦い、そして朝鮮戦争でも一定の成果を挙げたことから、毛沢東は、農民を使えば何でもできると思っていたのです。それは、経済音痴といわれても仕方がないものでした。

木炭を使っても、よい鉄を作ることはできません。そもそも、農民は鉄の作り方を知らなかったのです。そして、鉄の生産に多くの農民を駆り立てたため、食料生産がおろそかになってしまいました。また、多くの木を伐採したため、大雨が降った際に山崩れが起きて大きな被害を出した村もありました。

大躍進は毛沢東の夢想が生み出した荒唐無稽な政策でした。その結果、未だに明確な数字は明らかになっていませんが、約三〇〇〇万人が餓死したといわれています。食料が極端に不足したことによって、一九五九〜六一年の出生数も激減しました。

その責任を問われ、毛沢東は、一九五九年に国家主席を辞任しています。なお、中国は一九六二年にインドとのあいだで国境紛争を起こしていますが、これは、失政に対する国民の不満を外に逸《そ》らすため、共産党政府が仕掛けたと考えてよいでしょう。尖閣諸島や南シナ海問題を考える際に、大いに参考になる事例です。

その後、出生数は、飢饉《ききん》が一段落した一九六二年から大きく増えています。それが中国の団塊の世代を作り出しました。その結果、中国の団塊の世代は、日本より一五年ほど若いことになります。

ここで少し考えたいことがあります。それは、日中戦争が中国に与えた影響です。日本と中国が本格的に戦ったのは一九三七年から一九四五年までです。一九三一年に満州事変が起きますが、それは満州だけの局地戦で、しかも戦闘は短時間で終了しています。日中が本格的な戦争状態に陥ったのは、一九三七年七月の盧溝橋《ろこうきょう》事件からです。

南京大虐殺があったとされるのは一九三七年一二月。その年に生まれた人は、二〇一〇年の時点で、七三歳になっています。しかし出生数において、この七三歳付近では、大躍進政策のときのような落ち込みは見られません。

中国では、日本との戦争が終わったあとも共産党軍と国民党軍の内戦が続いていたため、子どもを作る余裕がなかったのかもしれませんが、一九四九年の中華人民共和国の成立後も、団塊の世代は生まれていないのです。

一方、大躍進政策は、出生数の大きな落ち込みと、その反動としての団塊の世代を作り出しています。このことは、日本との戦争が大躍進政策ほどの影響を中国社会に与えていないことを示しているといってよいでしょう。

確かに戦争によって多くの中国人が亡くなったことは事実でしょうが、それは大躍進政策の失敗に比べれば軽微だったと考えられます。図表4は、その事実を明確に示していると思います。日本軍よりも蔣介石よりも、毛沢東のほうが、中国の人民に大きな厄災を及ぼしていたのです。

現在、中国では毛沢東について議論することはタブーです。それは毛沢東が建国の父でありながら、人口ピラミッドを大きく変えるような失政を押し進めたからでしょう。

もちろん文化大革命も、毛沢東の評価に影を落としています。ただ、少なくとも文化大革命は、人口ピラミッドに影響を及ぼすようなものではありませんでした。それに対して大躍進政策は、中国社会に極めて大きな影響を及ぼしたのです。

世界的に珍しい地域別の学歴格差

中国の都市部では、一六歳以下の人口が極端に少なくなっています。農村部でも少子化が進んでいますが、それでも都市部よりは多くの子どもがいます。また農村部では、都市部に比べて老人の比率が高くなっています。

これは、若者が都市に出ていった結果でしょう。日本と同様、中国でも、農村には子どもと老人が残されているのです。反対に、都市では若者と壮年が多く、老人と子どもは少なくなっています。これを見れば、経済が都市で発展したことは、当然といえば当然でしょう。

一方、老人や子どもが多く若者が少ない農村部では、経済が発展することはありませんでした。

どの国でも若者が都市に出ていくために、都市と農村を比較すると、ここに示したような人口ピラミッドになりますが、中国ではそれが極端です。ここからも、農村を犠牲にして都市だけが経済成長を遂げたことが分かります。

図表1、図表2、図表3、図表4からは、学歴の分布も分かります。中心の色の濃い部分は大学を卒業した人々。そこから外側に進むにしたがって、高卒、中卒、小学校卒になります。そして最も外側は、学校教育を受ける機会がなかった人々です。

若い世代は、ほぼすべて学校教育を受けていますが、高齢者のなかには、教育を受ける機会がなかった人も大勢います。それは女子に顕著です。これは、中華人民共和国成立前の中国では、特に農村において、女子に教育は不要と考えている人が多かったからでしょう。

大卒の割合は都市で高いのですが、地方都市たる鎮ではかなり低くなります。そして農村には、大卒などほとんどいません。これほど住む地域によって学歴の差が明確になる国も珍しいでしょう。

大卒と分類したグループの中身を見ると、その違いはもっとよく分かります。

図表5、図表6、図表7は、それぞれ都市、鎮、農村について、先に大卒と分類した人々をさらに細かく分類し、短大・専門学校卒業、大学卒業、大学院卒業に分けたものです。

図表5　大学卒業者の分類（都市）

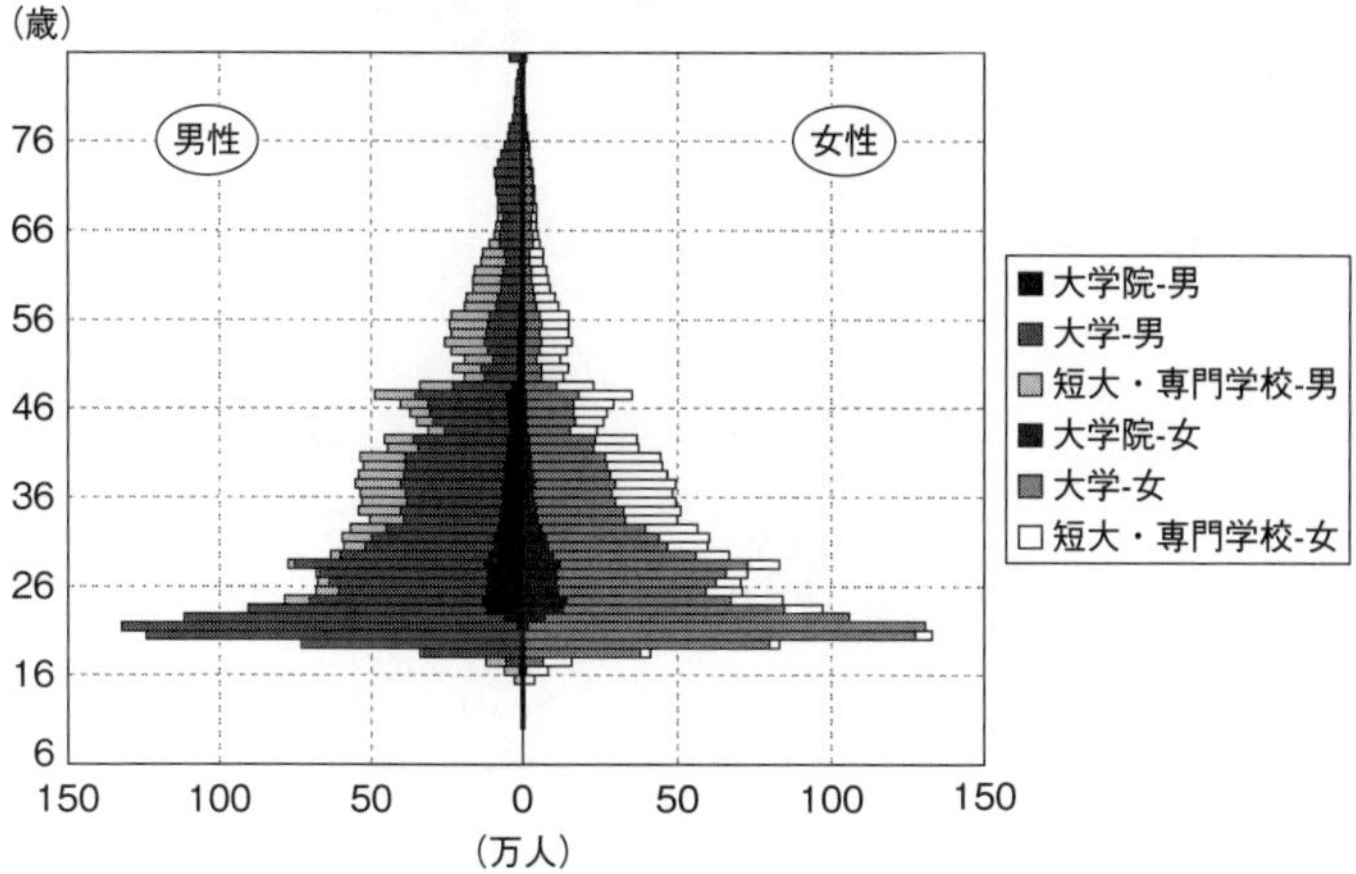

都市で大卒に分類したグループの人々は、本当に多くが大学を卒業しています。特に若い世代は大学を卒業した人が多く、短大や専門学校の卒業生はほとんどいません。また、大学院を修了した人も相当数います。

しかし鎮では、その様子が一変します。大学卒業に分類されていても、専門学校卒業や短大卒が半分以上を占めているのです。そして、大学院を卒業した人はほとんどいません。

その傾向は、農村で、より一層明確になります。農村の大卒は、その多くが短大や専門学校の卒業生。そして大学院を修了した人は、ほぼゼロです。また、大卒が増えたのは最近のことで、中年以上に大卒はほとんどいません。

学歴を見ても、中国の都市と農村がまったく別世界であることが分かります。

図表6 大学卒業者の分類（鎮）

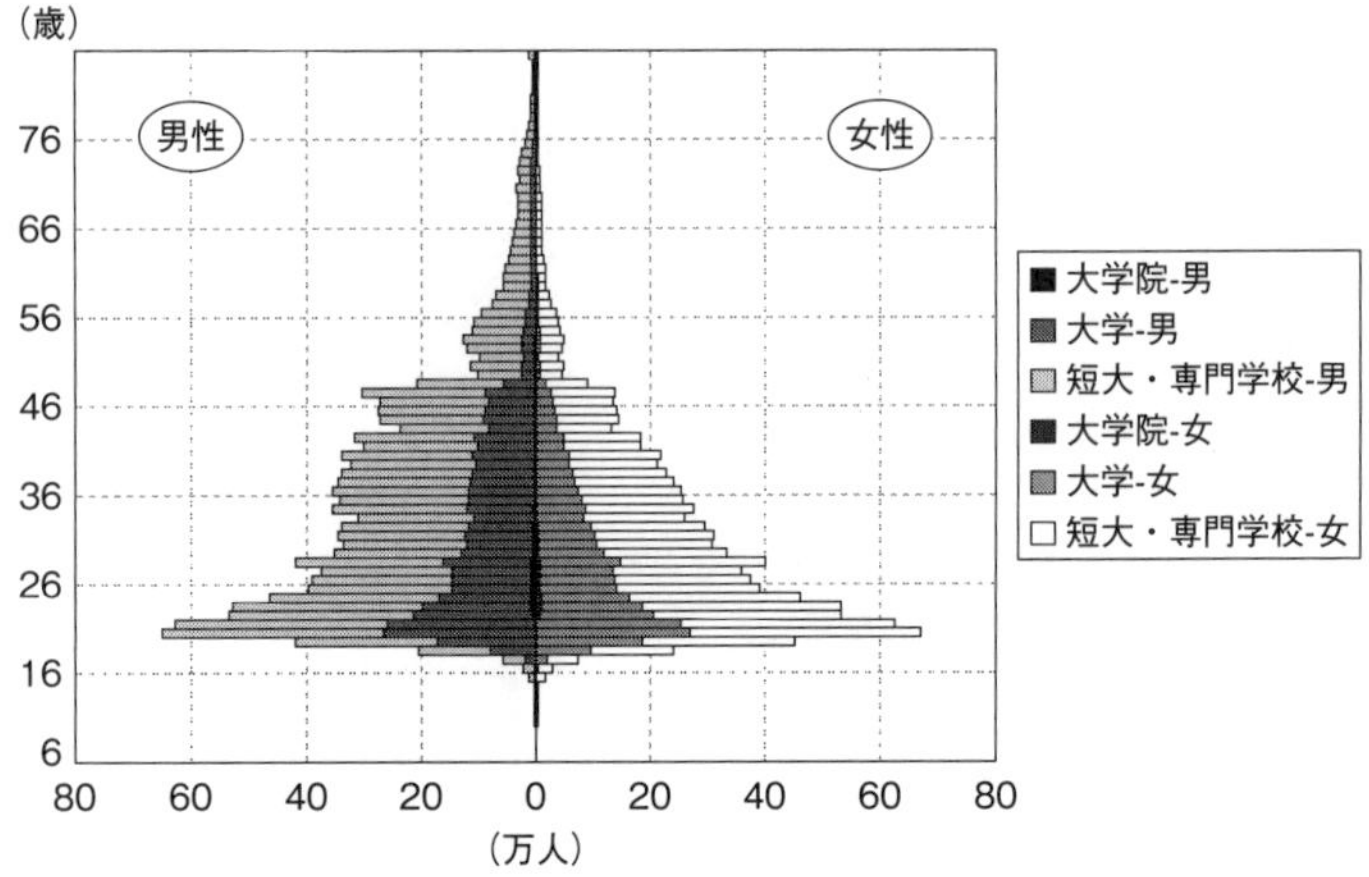

図表7 大学卒業者の分類（農村）

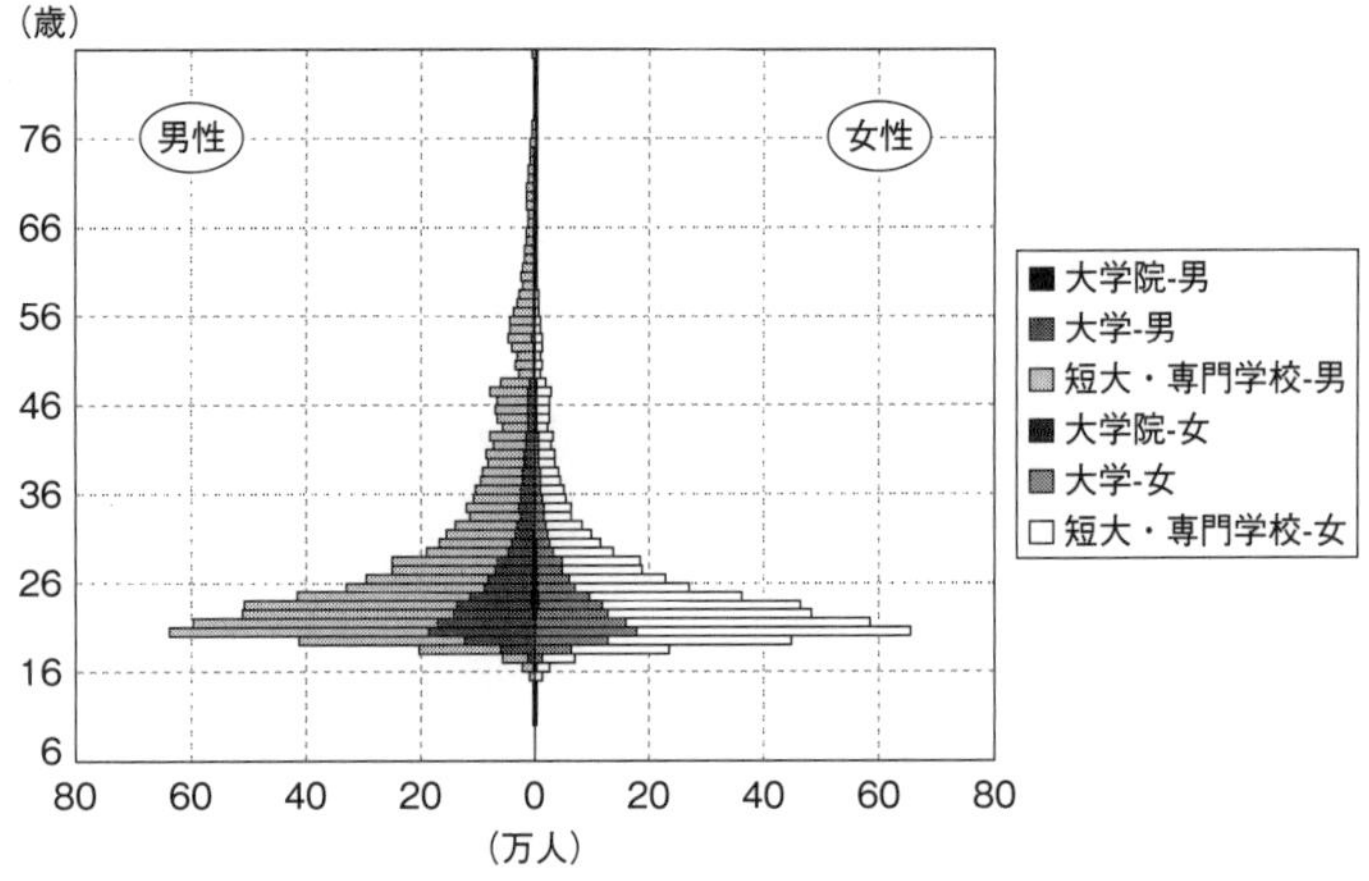

二〇一八年から始まる大量の定年

中国の成長は一九八〇年代から約三〇年間続きましたが、その期間の人口ピラミッドは、日本の高度経済成長期によく似ていました。つまり、団塊の世代が働き盛りだったのです。

中国の団塊の世代は、一九六三〜六五年頃に生まれた人々です。彼らはその幼少期に文化大革命を経験しています。その結果、貧しさを知っているのです。そのことも、日本の団塊の世代にそっくりです。

彼らは改革開放政策が始まった一九七八年頃に中学を卒業しました。その多くは大学に進むことなく、中学や高校を卒業すると、すぐに実社会に出ています。そして、改革開放路線の下で懸命に働きました。

同期が多く、競争が激しいことも、団塊の世代の特徴です。彼らが中国の成長の原動力になりました。

人口ピラミッドでひときわ高いピークになっている一九六三年生まれは、二〇一八年には五五歳になります。中国の職場の定年は日本より五年ほど早く、五五歳前後に設定されています。

日本と同様、高齢化の進行によって、定年になる年齢は少しずつ高くなっていますが、それでも五五歳を一つの区切りと考えています。これは、日本の職場が六〇歳を一つの区切りと考えているのと同じ感覚です。

現在の中国では、貧しさを知り、これまでがむしゃらに働いて来た世代が、引退の時期を迎えています。日本も団塊の世代が六〇歳を迎えて引退し始めた二〇〇七年頃から、経済だけでなく社会全体が活気を失いましたが、現在の中国は、まさにそのような状況にあるのです。

サービス産業は成長できるのか

これまで中国の経済成長は、沿岸部にある都市が引っ張ってきました。そこの成長が一段落したため、中国政府は次に、農村開発に力を入れようとしています。

ただ、農村の開発を押し進めようと思ってはいるのですが、工業部門の過剰生産問題が深刻になっているために、工業によって農村部を振興することは不可能です。第三章で示しますが、農村部を農業によって発展させることはできないので、農村を発展させようと思うのであれば、サービス産業を振興しなければなりません。

ただ、それは難しいでしょう。なぜならサービス産業は、高い教育を受けた人がたくさんいて初めて発展するからです。学歴を要しない農業や、ブルーカラーとして働くには中卒や高卒で十分である工業部門とは、大きく異なります。

中国の大都市「城市」には高い教育を受けた者が多く、そこではサービス産業を発展させることが可能でしょうが、農村部でサービス産業を興すことは不可能といってもよいでしょう。

そのため、中国の経済発展は大きな壁に直面しています。都市部の人口は四億人でしかない。農村部にある小都市たる鎮の三億人を含めても七億人。そして高い教育を受けた人はほとんどいない農村に、六億人もの人が住んでいます。

日本の評論家のなかには、サービス産業の振興によって中国はこれからも発展し続けると主張する人がいますが、それは中小都市や農村では不可能でしょう。そしてそこに、九億人もの中国人が存在する……このことも、私が中国経済の今後を悲観的に見る論拠の一つになっています。

一つ、付け加えたいことがあります。ここに示した調査は、中国政府が一〇年に一度、総力を挙げて行うものです。それは日本の国勢調査に相当します。しかし、そこで捕捉することができた人口は、先にも述べましたが、総人口より一・五億人ほど少ない。その多くは農民戸籍の所有者であり、都市部で働いていると思われます。中国政府は彼らを正確に把握できていないようです。

調査に漏れた人々が豊かな生活を送っているとは思えません。この統計に表れなかった一・五億人ほどの人々は、社会の底辺に押し込められ、苦しい生活を営んでいると見てよいでしょう。

未だに人口の七割は極貧生活

中国政府は国民を五等分し、各層の平均所得を公表しています。ここで五等分といいましたが、実際には、一〇のグループに分けています。都市と農村に分けて、それぞれを五等分しているからです。

このあたりの感覚は、日本人には理解できないでしょう。もし、日本でこのように分けて統計を取ったら、「農民を馬鹿にしている」「都市と地方の格差を当然のことと考えているのか」など、多くの批判の声が上がることでしょう。しかし、中国は都市と農村を分けた統計を堂々と発表しています。そしてそれを、みな当然と思っている……そう、まさに戸籍アパルトヘイト国家なのです。

図表8に、各階層の平均年間所得を示します。上位とした者は上から二〇%の、下位とした者は下から二〇%の人々を示します。中上、中位、中下はそのあいだです。

中国政府の発表を信用すれば、二〇一五年における都市人口は七億七一一六万人、農村人

図表8　都市と農村の階層別平均所得

都市（元/年）	2013	2014	2015	世帯収入（万円）2015
上位	57,762	61,615	65,082	312
中上	32,614	35,631	38,572	185
中位	24,173	26,651	29,105	140
中下	17,628	19,651	21,446	103
下位	9,896	11,219	12,231	59
農村（元/年）	2013	2014	2015	世帯収入（万円）2015
上位	21,324	23,947	26,014	166
中上	11,816	13,449	14,537	93
中位	8,438	9,504	10,311	66
中下	5,966	6,604	7,221	46
下位	2,878	2,768	3,086	20

口は六億三四六万人です。そのため、都市では一つの階層に一億五四二三万人が、農村には一億二〇六九万人が存在します。都市でも農村でも、一つの階層の人口は、日本の人口と同じくらいです。

この表に示した所得は、子どもから老人まで含めた一人当たりの所得です。都市の平均世帯人数は三人ですから、表の値の三倍を世帯収入とすればよいでしょう。農村部の平均世帯人数は都市部よりも多く約四人なので、四倍すればよいと思います。表の右欄に二〇一五年の世帯収入を日本円に換算して示しました。一元を一六円としています。

ここからは、実感が得やすいように日本円に換算した値で語ります。都市部の最上位階層の平均世帯所得は三一二万円です。日本の二〇一五年の平均世帯所得は五四一万円ですから、中国の都市部の最上位でも、その収入は日本の約六割に留まります。

中国は豊かになったといっても、最上位の人々でも、所得はそれほど高くありません。都市でも上から二番目の階層になると、所得はずっと少ない。世帯収入は一八五万円でしかありません。

安いツアー旅行でも、日本に行くのであれば、お土産《みやげ》代も含めて二〇万円程度は必要でしょう。夫婦二人で来るとなれば、四〇万円ぐらいになりますが、それは上から二番目の階層の年収の四分の一程度……かなり、思い切った出費といってよいでしょう。

ツアーで日本に来ている中国人の平均所得は、日本人の三分の一程度でしかありません。秋葉原などで出合う中国人団体がみすぼらしく見えることがありますが、それは彼らの所得があまり多くないからです。

一方、農村部の最上位階層の世帯収入は、都市の上から二番目と同じ程度になっています。これは農村の世帯人数を四人とした影響もありますが、農村部でも最上位階層に所属する人々の所得が、無理をすれば海外に旅行に行ける程度にまで向上したということです。

そうはいっても、農村の最上位でも、平均世帯所得は一六六万円でしかありません。日本だったら極貧層といってよいでしょう。

中国人観光客のマナーの悪さが問題になりますが、彼らの世帯所得が二〇〇万円に満たないことを知れば、そのマナーの悪さも、ある程度は許せるのかとも思います。

それは、彼らが教育を受けるチャンスもなく、これまで馬車馬のごとく働いて来たからです。ごく最近になって、経済成長の恩恵をチョッピリ受けて、やっと日本に観光旅行に来た。もちろん英語も日本語も話せません……。

そんな中国の農村では、ゴミをポイ捨てすることは、それほどの罪悪ではありません。中国の農村では、当たり前のように、道にゴミが散乱しています。そして、道端をトイレ代わりにする習慣もあり、大便すらためらいません。中国の農民の感性は、日本人とは大きく異なります。マナーが悪いといっても、彼らに悪気はありません。

貧しいなかで、やっとお金を貯めて、昨今ブームになっている海外旅行にやって来た。そんな彼らに対しては、怒るよりも、優しく先進国のマナーを教えてあげることが、日本人としての誇りを示すことになると思います。

農村はもちろんのこと都市に住む人々でも、最上位を除けば、その所得は決して高くありません。都市に住んでいても、最下層は五九万円ほど。「中下」でも一〇三万円です。これらの人々は、未だに食べることに汲々《きゅうきゅう》としています。

その多くは農民戸籍を持って都市に住む人々。最下層と「中下」を合計すると三億人になりますが、これは農村から都市に出稼ぎに来ている人数と、ほぼ同数です。

日本への爆買い旅行に来ている人の多くは、都市に住む最上位二〇％に所属しています。彼らの人口は一億人を超えていますから、日本企業の多くがその購買力に期待を寄せるのは、もっともなことだと思います。

しかし、日本に観光に来ることができるのは、中国人全体の一割程度でしかないのです。経済成長を遂げた現在でも、中国の国民の九割は、海外旅行に行くことができません。

爆買いで日本を訪れる人々を見ていると、中国も豊かになったと思ってしまいがちですが、それは木を見て森を見ないのと同じ。いまでも大半の中国人にとって、海外旅行は、夢でしかないのです。

観光客に見えるバブル崩壊の予兆

中国のバブル景気は最終局面を迎えています。日本の一九九〇年代初頭に相当すると見ればよいでしょう。

日本の株価は、一九八九年一二月に最高値を記録し、翌年になると下落し始めました。それでも一九九七年になって山一證券が、その翌年に日本長期信用銀行が破綻するまで、多くの庶民は、バブルが崩壊したことを実感することができませんでした。「これまで大儲けしていた悪徳不動産屋が破綻した。いい気味だ」——その程度に思っていたのです。

人々がバブル気分からなかなか抜け出せなかったことを示すものに、「ジュリアナ東京」があります。「ジュリアナ東京」は、バブルの象徴として語られます。若者がお立ち台と称する舞台に昇り、女性はワンレンボディコンと呼ばれるバブルを象徴する格好で、朝まで踊り狂いました。

しかし冷静に振り返ってみると、「ジュリアナ東京」はバブルの象徴ではありません。なぜなら、一九九一年に開設されたからです。つまり、バブル崩壊が始まったあとに開設された。そして、それから三年間にわたって営業を続け、一九九四年に閉店しています。

現在の中国は、この「ジュリアナ東京」があった時代に似ています。二〇一五年に株価が暴落したことや、一部の都市で不動産価格が下落し始めたことから、金融当局は危機感を募らせています。そのため金融・財政政策をフル稼働させ、必死になってバブル崩壊を食い止めようとしています。

しかし庶民は、なかなかそのような事情を理解できません。まだまだバブルは続くと思っているのです。だから、いまでも多くの人たちが、観光目的で来日しています。

ただ財布の紐《ひも》はきつくなったようで、一人当たりの消費額は減少しています。一部のマスコミは、この現象を、リピーターが増えたために「もの」消費から「こと」消費へと移行している、などと評しています。が、もし景気が順調に拡大しているのなら、「こと」消費でも多額のお金を使うでしょう。そうならないのは、庶民も景気の後退を薄々感じ始めたからでしょう。

また、ツアーが減って個人旅行が増えたといわれますが、景気が順調に拡大しているのであれば、中国には海外旅行に無縁だった人々が人口の九割もいるのですから、彼らが争って安いツアーで日本に来るはずです。そうなっていないのは、所得が低い人々が真っ先に、景気後退の影響を受けているからだと思います。

比較的豊かな人々は蓄えもあり、かつ国営企業など安定した職業に就いているため、景気後退の初期には、それほど痛みを感じないものです。だからこそ、個人旅行が増えているのです。

中国からの観光客の一人当たり消費量が減少したことは、バブルの崩壊が近いことを示しています。すべての中国人がバブルの崩壊を実感すれば、日本に来る観光客の数も激減することになるでしょう。

自動車販売台数に見る社会の分断

中国社会の分断について、自動車の販売台数から語ることもできます。中国の二〇一六年の自動車の販売台数は二八〇〇万台と大きく伸びて、過去最高でした。この数字はバブルが崩壊し始めたことを知る政府が、景気の底上げのために自動車取得税を減じた結果といわれています。

中国経済が一九九〇年代初頭の日本と同じような状況にあると考えると、乗用車の販売台数が二八〇〇万台であることも示唆《しさ》的です。日本の自動車登録台数は、一九九〇年の七七七万台が最高でした。現在の中国の自動車販売台数は日本のバブル期の三・六倍、ということになります。

日本には中国ほどの格差は存在しません。少々大胆な仮定になりますが、バブル期の日本では、すべての世帯が自動車を購入できたとしましょう。すると現在の中国ではどうなるか？　日本の人口は一・二億人ですから、それを三・六倍すると四・三億人……この数字は都市戸籍を持つ人の数にほぼ等しいといえます。

中国のバブルは崩壊し始めています。そうなると、今後、自動車の販売台数が現在の数字を超えることはないでしょう。こう考えると、人口の七〇％にも及ぶ農民戸籍の人々は、これからも自動車を持つことはないでしょう。

何度も書きますが、中国を一三億人の国と考えることはできません。都市戸籍を持つ四億人と、農民戸籍の九億人に分けて考える必要があるのです。

このような状況を都市住民はどのように考えているのでしょうか。日本なら、農民戸籍を持つ人々はかわいそうだ、などという声が上がりそうです。しかし中国の都市住民の反応は、まったく別です。

そもそも、ほとんどの都市住民は、農民や農民工の境遇に関心がありません。このような無関心が、農民工という特殊な身分を作り上げました。習近平政権は、アメリカと中国で世界を担うから「G2」だ、などといっていますが、国内には未だ、江戸時代のような身分制度が残っているのです。

中国人の感性は、日本人とはまったく異なっています。日本の都市にも農村出身者は多くいますが、彼らが農村出身だといって差別されることはありません。もちろん日本には、都市戸籍や農民戸籍などという差別的な制度も存在しません。

そして都市に住んでいても、未だに多くの日本人が、生まれ育った農村を古里だと思っています。当然、古里に郷愁を感じるとともに、古里の状況にも、大いに関心があるのです。

加えて疲弊《ひへい》する古里を何とかしたいと思っています。だからこそ「地方創生」などという言葉が選挙のたびに叫ばれ、「ふるさと納税」などという税の理念からは外れたシステムが作られるのです。

しかし、このあたりの感覚は、中国ではまったく異なります。それを理解しない限り、中国を理解することはできません。

コメ作と小麦作で違う民族性

中国人の農民に対する感情は、中国の歴史が作り上げたものです。少し遠回りになりますが、中国農業の歴史を見てみることにしましょう。

中国文明は、黄河《こうが》と長江《ちょうこう》に囲まれた地域に誕生しました。教科書には、そのようにあっさり書かれていたと思いますが、これは世界的に見ても、かなり特殊な出来事です。なぜか？　黄河流域が小麦作地帯なのに対して、長江流域がコメ作地帯だからです。一つの文明に小麦を作る地域とコメを作る地域が同時に存在したのです。

コメと小麦では、そこに育つ文明のあり方が、大きく異なります。その最大の原因は、灌《かん》漑《がい》の有無にあります。

コメを作るには、灌漑設備が必要です。一方、小麦では、灌漑は必要ありません。砂漠や乾燥地帯で小麦を作る場合にオアシスから水を引くことがありますが、これは例外といってよいでしょう。普通は雨水だけで育てます。

水路を造ったり水田に水を入れたりする作業は、現在ならブルドーザーや電動ポンプがあるので、それほどたいへんではありません。しかし、それらがなかった時代には、水田に水を入れるためだけに、たいへんな努力が必要だったのです。

まず、川から田に水を引く用水路を造らなければなりません。これは、とても一人でできる作業ではありません。多くの人々の協力が必要です。また、その維持管理もたいへんです。台風や大雨で用水路が壊れることもありますが、その修復も、大勢の人が協力して行う必要があります。

つまり、水田でコメを作るには、多くの人の協力が欠かせないのです。コメを作るためには、いつも周囲と仲よくして、共同で作業しなければいけない、ということです。

灌漑設備の維持管理は過酷な仕事ですが、苦労をしてもコメを作ることができれば、大いに報われます。なぜなら、コメは極めて優秀な農作物だからです。

第一にコメは美味しい。美味しいので、味噌汁にタクアンなどといった簡単な副菜だけでも、飽きることなく食べ続けることができます。そして、必須アミノ酸をすべて含んでいるため、それだけ食べていても、元気に生きていけます。

一方、小麦は、多くの点でコメより劣ります。まず小麦は、そのまま食べても美味しくありません。小麦の食べ方としてはパンが有名ですが、パンは小麦の粉にイースト菌を混ぜて一日程度の時間をかけて発酵させ、さらにそれを焼く必要があります。

小麦粉をこねて伸ばして麺にすることもありますが、それは味が付いた汁と一緒に食べるためです。汁を上手くからませるために練った小麦粉を、細い紐状にする必要があります。パンを作るのも麺を作るのも、たいへんな作業です。ご飯を炊くようにはいきません。そして、もっと重要なことは、小麦が必須アミノ酸を十分に含んでいないことです。

人類は経験的に、そのことに気付きました。小麦だけを食べていると、体に不調をきたすのです。そのため小麦を作っている人々は、たいてい同時に牛や羊を飼っています。その乳を飲み、肉を食べる。それによって、小麦に不足している必須アミノ酸を補うのです。

またコメは、小麦に比べ、同じ面積の農地からたくさん収穫することができます。そしてコメは、同じ農地で毎年作ることができます。熱帯では一年間に二回も三回も作れます。それは、水田に引く水に、微量ではありますが、栄養塩が含まれているからです。

それに対して小麦は、連作障害（毎年作り続けると、土壌中の栄養分が減少したり、菌類が繁殖したりして、収穫できなくなる現象）にも見舞われやすい。それを防ぐためには休耕が必要となりますが、休耕すれば当然のことながら、小麦を収穫することはできません。

そんな関係で、同じ面積の農地でも、コメは小麦より多く生産することができました。現在は優れた化学肥料や農薬が出現したため、コメと小麦の生産性はそれほど変わりませんが、近代的な農業が営まれる前まで、コメの収穫量は、小麦を圧倒していたのです。

水田に水を引く水路は、城を守る堀の役目も果たしました。縦横《じゅうおう》に水路が張り巡らされた地帯で大軍を動かすことは難しいのです。よって、水田地帯は畑作地帯よりも、敵に攻め込まれにくいといえます。

このようなことが重なって、水田でコメを作っている人の性格は温和になりました。そして島国である日本は、大陸にある水田地帯よりも、もっと安全でした。それが私たち日本人の気質を作ったのだと思います。

日本人は温和で、周囲との協調性に富み、そして平和を好みます。一昔前に、イザヤ・ベンダサンの書いた『日本人とユダヤ人』のなかに、「日本人は、安全と水は無料で手に入ると思いこんでいる」というフレーズがありましたが、これはコメ文明の特色をよく言い表していると思います。

近年、日本人を「平和ボケ」だなどと非難する人たちがいますが、平和ボケは、島国で約二〇〇〇年もコメを作ってきたことで形成された性格です。だから、そう簡単には直らないと思います。

翻《ひるがえ》って考えれば、ご先祖様からずっと「平和ボケ」になるほどに恵まれた場所に住んでいた、ともいえるでしょう。日本人に生まれてよかったと思うべきです。

中国では南北で気質が違うわけ

中国の黄河流域は小麦地帯です。そして、長江流域はコメ地帯です。そのため、中国文明を構成する人々は、南北でその気質が大きく異なっていました。

もう一つ重要なことは、黄河流域が、その北や西に住む遊牧民族と境を接していたことでした。遊牧民族は、肉を多く食べるため、体が大きい。そして、幼いころから毎日馬に乗っています。そんな人々によって構成される騎馬軍団は、鉄砲が出現するまで、ユーラシア大陸では無敵だったのです。

しかし、そんな彼らにも欠点がありました。それは人口が少ないことです。遊牧民族の食料は家畜から採る乳や肉ですが、それによって養うことができる人口は、多くありません。だから、大軍団が作れないのです。

遊牧民族には、もう一つ欠点があります。それは統一国家を作り難いこと。家畜に餌《えさ》を食べさせるため、遊牧民族の部族は一団となって移動しますが、他の部族と出会うと、草の生えている場所を巡って争うことになります。そんなこともあり、部族の団結は強いのですが、他の部族とは仲がよくなれない。結果、大きな組織を作れないのです。

遊牧民族は、最近まで、国家というものを持ちませんでした。そんな人々が、諸般の事情で、第二次世界大戦後に急ごしらえで国家を作った。そんな国では、統一を保つことも一苦労でしょう。現在でも、シリアやイラクなどで内紛が絶えないのは、彼らが遊牧民族の末裔《まつえい》だからかもしれません。

さて、初めて中国を統一した秦《しん》は、中国の北西部、現在の西安付近にありました。秦は遊牧民族の長所と農耕民族の長所を併せ持っていました。

黄河流域であり、小麦地帯でしたから、コメに比べて生産性が低いとはいえ、遊牧民族とは比べものにならないほど多くの人間を養うことができました。そして秦の人々は、しばしば北方や西方に住む遊牧民族に襲撃されたので、馬を使って戦うことを覚え、その戦法にも習熟したのです。

また、肉を食べる遊牧民族と混血したため、体格がよくなりました。いまでも中国北部には、南部に比べて体格のよい人を多く見かけます。

こうして秦は、体格のよい兵士によって構成される大軍団を作り上げます。また、騎兵もうまく使うことができました。秦の始皇帝《しこうてい》は、その大軍団を使って、中国大陸に統一王朝を作り上げたのでした。

なぜコメ文明は工業化に適すのか

一方、ヨーロッパでは、ローマ帝国時代、アルプス以北は未開の地でした。未開の地には少数のケルト人などが住んでいましたが、ゲルマン民族が侵入すると、アイルランドなどヨーロッパの西の端に追われてしまいました。

ゲルマン民族はヨーロッパに定住して牧畜を行うとともに、小麦を作るようになりました。これが有畜農業です。

このとき、畑に水を引くことはありません。水は、雨によって供給されるのです。だから隣の人と協力しなくとも、農地に水を供給することができる。また、畑の生産力は水田より低いので、畑作地帯の人口密度は水田地帯よりも低くなります。その結果、隣人との距離が遠くなる……このような環境で育った人は孤独に強く、かつ独立心が強くなりました。それがヨーロッパ文明の根底にあります。

一方、ユーラシア大陸の南には水田地帯が広がります。世界の人口大国は、すべてコメを作っている地域にあります。中国、インド、インドネシア、バングラデシュなどです。

先ほども述べましたが、コメを作っている地域の人々は温和です。そして、隣人との協力精神に富みます。このことは、工業化にも適していました。工場では多くの人々が協力して作業をする必要があるからです。日本がいち早く工業化できた秘密も、実はコメ作りにあったと考えています。

改革開放政策が始まったあと、中国で最も早く工業が発展したのは、長江流域と、広東省《カントン》を流れる珠江《しゅこう》の下流域ですが、どちらもコメ作地帯でした。周辺の農村から、温和で協調性を持った労働力を集めることができたからでしょう。

一方、東北地方（旧満州）の工業化は遅れます。それは、遊牧民の末裔であり、かつ長期間にわたり畑作を行ってきた人々は、多くの人々が協力して行う必要がある工業に向いていないからです。

実際、アジアで工業が発達したのは、コメ作地帯だけです。日本、続いて台湾、韓国、マレーシア、タイ、そして中国の広東省、浙江省《せっこうしょう》、江蘇省《こうそしょう》、現在ではベトナムでも工業が急速に発展してきましたが、すべてコメを作る国や地域です。南アジアでは、現在、ユニクロの工場があるバングラデシュが、「Ｃｈｉｎａ《チャイナ》＋１《プラスワン》」などといった言葉とともに、注目を集めています。

インドが独立したときに、宗教が異なるため、バングラデシュとパキスタンは、インドと分かれて別の国を作りました。当初、バングラデシュは東パキスタンと呼ばれ、パキスタンの一部でしたが、その後、分離独立します。

このバングラデシュでは、やはりコメが作られています。バングラデシュとパキスタンの宗教はイスラム教。宗教は同じで、かつイギリス植民地であったなど、その歴史は似ているのですが、工業が発展し始めたのは、バングラデシュだけでした。

一方のパキスタンは、工業の発展においてバングラデシュに後れをとるばかりか、アメリカの同時多発テロを指揮したオサマ・ビンラディンが隠れ住むなど、治安も安定しません。それは、パキスタンが小麦文明の国だからであり、かつ遊牧民が多く暮らしていたからです。だから内紛が絶えないのです。

宗教が同じであるために、インドとは別の道を歩んだバングラデシュとパキスタン……しかしコメ作と小麦作の違いから、その工業化において、大きな違いが生じてしまいました。

日本人は集団での行動を好みます。よくも悪くも没個性的であり、会社に埋没して一生を過ごす人も多く見られます。すると西欧かぶれのインテリが、物知り顔で、西欧人のように自分の意見をしっかりと持ち、かつ単独で行動すべきだ、などといいます。が、日本人の性格は、約二〇〇〇年にわたって島国でコメを作ってきた歴史が作り上げたものです。一朝《いっちょう》一夕《いっせき》には変われません。

しかし、温和で協調性に富んでいたからこそ、一億総中流と呼ばれる格差のない社会を作り上げることができたのです。昨今、格差の拡大を問題にする人々もいますが、世界の農村を訪ね歩いた者としては、現在でも日本ほど格差の小さい社会はないと断言できます。

世界の人々と比べると、ちょっとお人好しではありますが、コメを二〇〇〇年にわたって作り続けてきたことで形成されたわれわれの性格を、変える必要などありません。

北部が南部を支配する中国の構造

秦による統一後、中国大陸には、いくつも王朝が成立しました。そしてその多くは、北部に首都を置きました。常に、小麦を作る人々が、新たな王朝を作ったのです。まさに、馬上をもって天下を得たのです。

秦は咸陽、前漢と唐は長安、北宋は開封、そして明《ミン》と清《シン》は北京……いずれも黄河流域にあります。一方、南に首都を置いた政権は、南宋と中華民国ぐらいでした。

このうち明は、北方の遊牧民が作り上げた元に対し、南部の農民が反乱を起こして作った国であるため南京《ナンキン》を首都としますが、遊牧民を完全に北方に追い払うと、首都を北京に移しました。正確にいうと、北京の守備に当たっていた三代皇帝の永楽帝《えいらくてい》が、南京にあった政府を滅ぼしたのち、自分が本拠地としていた北京に首都を移したのです。

中国の歴史上、南部に首都を置いた政権は、短期間で滅んでいます。このことは、中国を考えるうえで、とても重要な要素を含んでいます。

中国とは、北部の小麦文明が、南部のコメ文明を支配する国です。これが国の基本にあります――。

北部の乾いた大陸に成立した政権は、城壁をもって首都や主要都市を守りました。中国の都市は、城壁で守られています。国という漢字は、旧字（國）では、囲いの中に戈《ほこ》があることを示しています。囲いのなかで兵士が守りを固めている、という姿です。

そんな中国です。囲いの外にいる人々は、敵が攻めて来たときに守られることはありません。自分で逃げる必要があります。そして、その多くは農民……支配者が農民を守ることはありませんでした。

このような意識下では、国民とは、都市の城壁のなかに住む人だけ。これが農民を二流国民と考える意識を生む原因になっていると思います。

秦の中国統一以来約二二〇〇年、ずっと、南部は北部の植民地でした。北部が南部を支配してきたのです。ただ、常に武力を用いるわけではありません。その支配の仕方が、中国政治の基本を作りました。

北部の政権にとって、コメを作っている南部は、同じ国民ではない。しゃべる言葉も違い、気質も違う人々なのです。こんな「植民地」の住民の意見など、聞く必要はありません。強引に命令するだけです。

現在、外国に向けても、中国政府のものの言い方は、強引です。かつ、厚顔無恥《こうがんむち》。が、これは、二二〇〇年もの長いあいだ人口の少ない北部の人々が人口の多い南部のコメ地帯を支配して来たことに由来しています。

『論語』のなかに「由《よ》らしむべし知らしむべからず」（民百姓に理由を語る必要はない、従わせればよい）という言葉がありますが、これはまさに、中国の政治の本質なのです。

科挙が作った差別社会

隋《ずい》の時代から清まで、約一三〇〇年にわたって実施された官僚登用試験、それが科挙です。この科挙が、農民に対する差別意識を決定的にしました。科挙が中国人に与えた影響については、中国軍が弱い理由を論じる際にも触れますが、現代になっても科挙は、中国人の物の考え方に決定的な影響を及ぼしています。

現在でも中国は、徹底的な学歴社会です。その原因は、科挙が作ったといってよいでしょう。この科挙は隋王朝、つまり日本では聖徳太子が生きていた頃に生まれたシステム。この試験に合格した官僚だけが、皇帝の代理として、行政を執《と》り行うことができるのです。

隋は短期間に滅びてしまいましたが、科挙は唐に受け継がれます。ただ唐では、地方に地盤を持つ貴族階級（地方領主）の力も強く、科挙の合格者が大きな力を振るうことはできませんでした。

そのような状況は、宋になって大きく変わります。地方の豪族は没落してしまい、科挙合格者だけが権勢を誇る時代になったのです。それは約一〇〇〇年前のこと。そして科挙は、清が終わる二〇世紀初頭まで行われ続けました。

科挙は、現在の日本の国家公務員総合職試験と考えればよいでしょう。ただ、それよりもずっと難しい。合格者は、あの広い中国で、一回に三〇〇人ぐらいでした。それも、三年に一度しか行われないのです。

科挙には原則すべての男子が挑戦可能です。出自は合否に関係しません。コネも通用しません。もちろん、長い期間にわたり受験勉強をする必要がありましたから、ある程度裕福な家庭の子弟しか合格できなかったのですが、それでも頭がよければ、貧しい階層からでも合格することができました。

倍率は一〇〇〇倍から三〇〇〇倍程度……猛烈に難しかったようです。しかし合格すれば、すぐに県知事クラスに出世します。そして、皇帝の代理人として、大きな力を振るうことができたのです。

そんなことを一〇〇〇年も続けてきたために、科挙は、人々の考えに深く影響を与えるようになりました。この点は、現在の中国を考えるうえで、とても重要です。

というのも、科挙の合格者が子どもにその地位を継がせることはできないのです。子どもも試験に受かれば別ですが、コネは通用せず、かつ猛烈に難しい試験であるため、合格する可能性は猛烈に低い。そのため、権力を振るうことができるのは、ほとんど一代限りです。

そして地方に派遣されるときは、任地は出身地以外の場所。また、通常三年程度で転勤しました。つまり、地方に派遣された官僚が地方の人々と仲よくなり、結果、地方に根を張る権力者が出現するのを防ぐためです。そう、科挙は、地方の豪族が力を蓄え、中央に反旗を翻《ひるがえ》すことを防ぐために作られたシステムなのです。

ただし、この制度は、汚職を生む原因にもなりました。もし、みなさんが村の庄屋《しょうや》で、子や孫も同じ村で庄屋を引き継ぐとしましょう。すると、そのような状況で、派手に汚職をするのは得策ではありません。なぜなら、子々孫々まで悪口をいわれる可能性があるからです。あまり阿漕《あこぎ》なことをすると、子どもや孫が辛《つら》い思いをします。

ということは、同じ村に住み、子孫がその職を引き継ぐ場合には、まずまず穏当に過ごすのが最上の策。そうしていれば、子どもや孫も、似たように安穏な生活を送ることができます。庄屋であれば、がめつく蓄財しなくとも、子孫は末永く、上流の生活水準を保つことができるのです。

――これが、ほどほどを好む日本型社会を生みました。そのため日本では、温和な支配者が求められる。汚職もほどほどです。

一方の中国では、科挙の合格者は、見ず知らずの任地に派遣されます。そして三年程度で次の任地に異動しなければなりません。そして、地位は世襲されないのです。

ただ、その権力は絶大です。何しろ皇帝の代理人なのですから。そのような条件が重なれば、誰だって旅の恥はかき捨てとばかりに、派手に汚職するでしょう。みなさんだって、同じ立場に立てば、汚職で蓄財に励むと思います。いや私なら、一〇〇パーセントそうします。

実は、科挙の合格者の任地には、その親族や知人も付いていきます。そして、ここぞとばかりに集団で利権をむさぼり、蓄財する……これが科挙合格者の実態です。

二〇一二年に失脚した、中国共産党中央政治局委員兼重慶市党委員会書記を務めた薄熙《はくき》来《らい》。彼の汚職が派手だった理由も、まさにここにあります。

まず薄熙来は、重慶市の書記になると、前任地から腹心を呼び寄せました。そして短期間で、四八〇〇億円ものお金を着服しました。

彼が転落したのは、この腹心らとの争いが原因の一つです。そして、その争いには家族も絡《から》んでいます。彼ひとりで汚職を行ったわけではない。薄熙来事件は、まさに、科挙の伝統にのっとった事件なのです。

そして科挙というシステムは、朝鮮半島にも輸入されました。それは約一〇〇〇年前の高麗の時代です。科挙は、朝鮮半島でも、約一〇〇〇年の歴史があるのです。

韓国の大統領の多くが汚職で捕まる理由も、実はここにあります。ある人が大統領になると、親類縁者が寄ってきて、権力を笠に着て汚職に励む。朴槿恵《パククネ》とその友だちの話は、日本人には分かりにくいのですが、科挙の歴史を知れば、容易に理解できます。

権力者その人ではなく、周辺の人々が汚職をするのが、韓国の伝統です。一〇〇〇年も続いた伝統ですから、そう簡単にはなくならないでしょう。こうした科挙によって作り上げられた気質は、農民や弱者に対し、極めて差別的なものになっています。

封建制では身分が重要になりますが、封建制を一〇〇〇年前に止《や》めた中国では、それ以降、皇帝だけが特殊な身分を持ち、皇族以外の人々の権利は平等です。ということは、科挙の試験は公平なのだから、豊かになりたければ猛烈に勉強して合格すればよい……。

中国人は、約一〇〇〇年間、このようなシステムのもとで生きてきました。そのため、心のどこかで、勉強ができないから、あるいは商売をする才覚がないから、そうした人が農業をしているのだ、と考えるようになったのです。

中国人は貧困を自己責任と考えます。ということは、農民でいることも自己責任……日本のように「地方創生」ですべての国民を豊かにしよう、などとは考えません。

このように中国は、弱者に対して思いやりのない社会です。それは、科挙という極めて公平なシステムを、約一三〇〇年も前に作り上げてしまった結果といえるでしょう。

コラム① 中国の国際ルール無視は漢字のせい？

なぜ一三億人もの人間が中国にいるのでしょうか。ここでは、中国の人口がこれほどまでに多くなった理由について考えてみましょう。

最初に答えをいってしまえば、その理由は漢字にあります。漢字を使用したことが中国を巨大にしたのです。順を追って説明したいと思います。

文字には表音文字と表意文字があります。表音文字は、人がしゃべる音を写します。一方、表意文字は、事物や抽象的な概念の意味を表します。漢字は表意文字の代表ともいってよいものでしょう。

日本では、表意文字である漢字と、表音文字たるひらがなとカタカナを交ぜて使っています。マヤ文明も表意文字を使っていたそうですが、表意文字は、かなり特殊な文字といってよいでしょう。

世界の多くの国で使われているのは表音文字です。ラテン文字（アルファベット）は、その代表といってよいものであり、ヨーロッパ、北アメリカ、ラテンアメリカ諸国などで、広く使われています。ロシア文字もアルファベットの一種です。そして、イスラム世界で使われるアラビア文字やペルシャ文字も、やはり表音文字です。

表音文字に意味はありません。しゃべる言葉にこそ、意味があるのです。文字は、それを写すだけ。しかし、しゃべる言葉は、時代と共に変化します。そのため同じ民族であっても、別の地域に分かれて長い時間が経過すると、その言葉は大きく異なってしまいます。

それは、狭い日本にも多くの方言があることからも理解できます。明治政府が学校教育で標準語を強要するまで、鹿児島の人と青森の人が話し合っても、何をいっているのか互いに理解できなかったといわれています。

また、約一二〇〇年前にヨーロッパを統一したカール大帝が、実際にどんな言葉を話していたのか、それはいまでも謎だそうです。カール大帝の帝国が分裂したあとドイツに住んだ人々がドイツ語を話すようになり、フランスに住んだ人々はフランス語を話すようになりました。

言葉が異なり意思の疎通が難しくなると、それは別々の国を作る動機になります。そして、話し言葉だけでなく書いたものも理解できないとなると、その動きは決定的になります。

中世のヨーロッパにおいて、国境はあいまいでした。それは、しゃべる言葉は異なっても、教会の公式用語であるラテン語が存在したためです。中世ヨーロッパのインテリは、ラテン語の読み書きができましたから、どこに行っても困らなかったのです。そんな時代、国境の概念は希薄でした。

しかし一六世紀、マルチン・ルターが聖書をドイツ語に翻訳《ほんやく》した頃から、書物は各国の言葉で書かれるようになりました。そうなると、言葉の違いが国境になります。

歴史のなかで言葉は変化しています。その異なった言葉に表音文字を当てはめると、まったく異なった言葉が作られることになる……それが現在、ヨーロッパに多くの国がある理由だと思います。

オランダ語とドイツ語は似ていますが、それでも差異があります。だからこそ、違う国を形成しているのです。同様に、あの小さなルクセンブルクにもルクセンブルク語があり、それがルクセンブルクという国が存在する理由になっています。

同じ言語を使っていても、イギリスとアイルランド、ドイツとオーストリアやスイスは、異なった国になっていますが、それは宗教や歴史がそのようにさせているのであって、基本的には、言語によって国境が作られるとしてよいでしょう。

このような事情が、表意文字を使う中国大陸では、まったく異なっていました。現在でも、上海語や広東《カントン》語は、その地方に住む人間にしか分からない言葉です。しかし、漢字が表意文字であるために、しゃべる言葉が異なっていても、意思の疎通が可能です。

そう、日本人と中国人が、筆談である程度理解し合えるように。

広い中国大陸では、そのどこに住んでいる人も、漢字を使っています。それは、中世ヨーロッパのラテン語のようなものでしょう。

この漢字という表意文字を使っていたからこそ、巨大な人口が分裂することなく、一つの国であり続けた。もし漢字ではなく、表音文字が使われていれば、現在の中国大陸には、ヨーロッパのように小国が分立することになっていたでしょう。

インドも人口大国ですが、表音文字の国でした。その結果、インド亜大陸には、歴史的に多くの国が分立しました。いまでもインドの北部と南部は、まったく別の国といってよいほど、言葉も習俗も異なります。

インドはヒンズー教という宗教を軸にした連邦国家です。インドの憲法に連邦制と明記しているわけではありませんが、インドでは各州の自治権がとても強く、その成り立ちは、中国とはまったく異なります。

一方の中国は、連邦国家ではありません。ときに日本の識者が、中国は大き過ぎるから連邦制になったほうがよい、などと発言することがあります。が、それは歴史を知らない言葉です。中国はときどき内戦によって分裂しましたが、その一方で、統一しようとする強い意志が働きます。

現在、中国という国が大きくなり過ぎてしまったことは、国際社会と軋轢《あつれき》を起こす原因になっています。というのも、国際社会のルールの多くは、ウェストファリア条約が結ばれた一七世紀から一九世紀にかけて、ヨーロッパ人が定めたものです。それは、人口が数百万人から数千万人程度の国がたくさんあることを前提としています。一九世紀の日本の人口も、ほぼそのスケールでしたから、そのルールを違和感なく受け入れることができました。

しかし中国には、現在、一三億人もの人間が住んでいます。その結果、中国は、この「中規模の国がたくさんあることを前提にして作られたルール」が気に入りません。歴史上、常に中国の人口は周辺に比べ巨大であったため、自分だけは特別だと思っています。

この、自分だけが大きく他の国は小さい場合の国際ルールが、朝貢《ちょうこう》です。朝貢を標準的な国際ルールと考えるために、現在、中国は、事あるごとに国際社会のルールとぶつかっています。

中国と交際する国の人々は、こうした中国の尊大な振る舞いに、辟易《へきえき》しています。しかし、それは長い歴史が作り出したものなので、ちょっとやそっと非難しても、改めることはないでしょう。

中国にとって、尊大な振る舞いは、決してよいことではありません。バブル景気に踊って、お大尽《だいじん》気分で、アジアやアフリカの開発途上国にお金をばら撒《ま》いていたときは許されますが、バブルが崩壊して経済が低迷し始めれば、世界は、手のひらを返したように中国を非難し始めるでしょう。

中国人は、巨大な国に住んでいるため、世界の人々がどのような目で中国を見ているのかが分からないようです。しかし、尊大な態度は国益を損《そこ》ないます。第四章で詳しく述べますが、中国は、外交が得意な国ではありません。

第二章　中国人民解放軍が世界一弱い理由

「よい人間は軍人にならない」

私は中国の農業を研究している立場から、まったく新しい視点で、これまで日本では語られてこなかった中国人民解放軍の内情についてお話しします。戸籍アパルトヘイト国家の本質も、より一層、鮮明になることでしょう。

さて中国では、約一〇〇〇年前の宋の時代、科挙の合格者である文人が社会の中核を占めるようになりました。こうして、武力で成り上がった軍人は、社会では中心的な地位を占めることができなくなったのです。

よって多くの軍人は、二級国民とされる農民出身です。そして彼らは、社会的地位が低いために、国家や国民に尽くそうとする意識は希薄です。中国の歴史から、これまで語られていた人民解放軍とは違った側面を見ることができます。

中国には、「よい鉄は釘《くぎ》にならない、よい人間は軍人にならない」という諺《ことわざ》があります。人間のクズしか軍人にならないという意味です。日本で自衛隊のみなさんが聞いたら気を悪くすることでしょうが、これは中国においては事実なのです。

この諺は、中国の歴史が作り上げたもの。このような言葉が存在する理由を知ると、人民解放軍の実情を、より的確に理解できると思います。

実際いまでも、都市住民は、絶対といってよいほど兵士にはなりません。二級国民である農民だけが兵士になるのです。

中華人民共和国が成立するまで、軍隊は、ならずものの収容所でした。対する民衆は、ならずものの集団である軍隊を恐れていました。兵士は民衆に乱暴狼藉《ろうぜき》を働いたので、戦《いくさ》が始まると、民衆は戦いよりも、進駐してきた兵士のほうを怖れたのです。

武装警察官学校の修学旅行では

一つのエピソードを紹介しましょう。それは二〇一三年の年初のことでした。ある研究会が北京で開催されて、私も参加しました。ただ、二〇一二年夏に尖閣諸島をめぐる情勢が緊迫化し、またその一二月に中国に強硬な姿勢を示す第二次安倍晋三《あべしんぞう》内閣が成立したことから、日中関係は最悪の状態でした。

研究会には、中国の官僚も多数参加しました。予定では、北京の中心部で開催されることになっていたのですが、不測の事態（日本人が中国人から暴行を受ける）を避けるという理由で、中心部から離れた幹部の研修所で開催されることになりました。

不測の事態を避けるといっていたのですが、二〇一二年夏の尖閣諸島事件直後とは異なり、二〇一三年初頭にはそれほどの緊張感はなく、日本人でも市街を安全に歩くことができました。開催場所を変更した本当の理由は、中国の官僚が日本人と会っている姿を見られたくなかったためだったのでしょう。周囲から媚日派《びにちは》に見られたくなかったのです。

隔離された施設はきわめて大きく、また部屋ごとに大きな風呂も付いていて、ゴージャスな雰囲気でした。こんなところで幹部の研修を行うのなら、それは無駄遣いの最たるものだと思ったものです。

研究会は予定通り、無事に終了しましたが、辺鄙《へんぴ》なところで開催したため、要人のスピーチなどがキャンセルされ、結果、時間が余ってしまいました。すると中国側は、辺鄙なところに閉じ込めて悪いと思ったのか、日本側を半日ほど、周辺の観光に連れ出してくれました。北京の観光名所である「明の十三陵」に行ったのですが、そこで会ったのが、武装警察官の学校の修学旅行でした。

武装警察官の卵たちも、われわれと同様、明の十三陵を見学に来たのですが、学校の行事であるため、全員が軍の制服を着ています。われわれは高台にいたのですが、制服の武装警察官が列を作って近づいて来ました。日中関係が緊張している時期でもあり、私は、ちょっと身構えました。別に悪いことはしていなくとも、制服の武装警官の大行列を見れば、誰でも恐怖を覚えることでしょう。

しかし、それは取り越し苦労でした。遠目には怖そうに見えた武装警官でしたが、そばに来てみると、みな感じのよい、素朴な好青年だったのです。ちょっと拍子抜《ひょうしぬ》けするくらいでした。

こちらが日本人と分かっても、敵愾心《てきがいしん》を剝《む》き出しにするようなことはありません。それどころか、通訳を通じて、私たちと一緒に記念撮影に応じてくれないかとせがむ者までいました。こちらが機嫌よく応じるとたいへん喜んでくれて、しばし和《なご》やかな時間を過ごすことができました。

尖閣諸島の事件を知っているとは思えないような素振りです。そしてその多くは、外国人と会うのは初めてのようでした。外国人と話ができて、ただ嬉しい、そんな感じなのです。日本人と会話することを、先生も注意しませんでした。

その後、この経験を中国人の知人に話しましたが、そこからは中国の軍の意外な側面が浮かび上がってきました。

武装警察官は人民解放軍から分かれた組織であり、警察というよりも、軍隊の一部と考えたほうがよい組織です。人民解放軍は外に向けた武力、武装警察は内に向けた武力、といえばいいでしょう。

知人は、私が出会った武装警官たちは、ほぼ全員が農村の出身だろうといっていました。そして農村でも、内陸部の貧しい地域の出身……だから外国人を見たことがなかったのだろうとのことです。

また、次のようなこともいっていました。現在は、農村部でも成績がよい子は、都市部の大学に進学する。中国では成績がよい子がいると、遠縁でも学資を援助する習慣があるそうです。いってみれば、それは未来への投資。将来、その遠縁の子が学業を修めて役人として出世すると、親戚は寄ってたかって、その子の周辺でビジネスを展開するのです。それは科挙が存在した中国の、ここ一〇〇〇年の習慣です。

しかし、遠縁の人が援助したくなるような秀才は、それほど多くはありません。まあ、一〇〇〇人に一人ぐらいと思えばよいでしょう。そのため多くの子どもは、親の資力だけで進学します。

現在、農村部でも、成績のよい子は高校を出たあとに、周辺の大学、短大、専門学校に進むそうです。しかし農村部の学校では、進学する人は五〇人クラスで多くて数人……その他は中学や高校を出た段階で、「農民工」として都市に働きに出ます。

そんな田舎の高校で、昨今、クラスで上から数番目ぐらいの生徒が、人民解放軍や武装警察を目指すそうです。これは、中国の歴史のなかでは、異例のことだそうです。というのも、中国では、シャバで食べていけない人間ばかりが軍隊に入る伝統があるからです。

現在、人民解放軍は、日本の自衛隊と同様、志願制になっています。幹部を養成する防衛大学校に相当する学校は人気があり、入学試験は難しいそうです。そして、都市戸籍を持つ者が幹部を養成する学校に入ることはありますが、兵士になることを希望することは、まずありません。

その結果、中国の兵士は、そのほぼすべてが農民出身。しかし現在、農民が兵士になるのも、それなりに難しくなっています。というのも、給料はよくないかもしれませんが、政府が何かと特典を与えてくれるからです。最近では、農村の高校でも、まあまあの成績を取らなければ入隊できないようです。

農村部でも、かつての一人っ子政策の結果、多くは一人っ子です。一人っ子で、成績はクラスで数番程度……そんな子が軍人や武装警察官になっている。明の十三陵で出合った武装警察官の卵たちの顔つきが柔和だった理由が分かりました。

習近平が絶対に暗殺されない理由

中国政府が武装警察官や人民解放軍の兵士に与えてくれる最大の恩恵は、天下り先です。それがあるがゆえに、人民解放軍や武装警察の統制が保たれています。

内部でそれなりの出世をすると、かなり有利な天下り先が用意されます。これが、人民解放軍や武装警察官の忠誠心を保つ源泉になっています。

人民解放軍や武装警察官に対する政府のサービスは、天安門事件以降、顕著によくなったそうです。それは、江沢民の時代でした。

江沢民は、軍の経験がないため、その掌握に苦労したといわれます。そんな彼は、軍人の処遇を大幅に改善することによって、軍人からの支持を得ようとしました。つまり、お金で懐柔したのです。

そんな雰囲気のなか、上級軍人たちは、天文学的な金額の汚職をしました。その氷山の一角が、徐才厚《じょさいこう》事件で明らかになりましたが、それについてはあとでお話しします。ここで触れたいのは、下級兵士の話です。

農家の子弟が軍隊や武装警察に入って、それなりに出世すると、退役後に役所や国営企業に天下りして、それなりの地位に就くことができます。これは、農民の子どもにとって、大きな魅力になっています。

そんな武装警察官にとっては、北京勤務になるのが最大の栄誉。地方から抜擢《ばってき》され、通常は三年から五年間、北京で勤務します。北京にいる武装警察官は、そのすべてが、地方出身者なのです。

それは、もう一度天安門事件が起きた際、北京の出身者が同じ北京の人に銃口を向けるのをためらう可能性があるからだそうです。逆にいえば、地方出身の農民なら、北京の市民に対し、ためらうことなく銃口を向けることができるということ。このあたりは、日本では考えられないことです。しかし広い中国では、省が異なれば、あたかも違う国の人間だと思えるような感覚なのでしょうか。

そうして北京の勤務を恙《つつが》なく終えると原隊に戻り、しばらく勤務します。が、一般の兵士は、三〇代半ばまでには除隊しなければなりません。その際、北京に勤務した者には、条件のよい天下り先が待っています。だからこそ、北京勤務は、憧《あこが》れの的なのです。

北京で勤務する三年から五年のあいだは、ちょっとしたミスも犯さないよう努力します。天下り先を失わないためです。北京で見る武装警察官がいつも緊張しており、観光客にも強《こわ》面《もて》なのは、こうした背景があります。

ちなみに、日本ではよく習近平暗殺が話題になりますが、中国人の知人は一笑に付し、それは中国の歴史を知らない人間による勝手な妄想だ、といっていました。

中国では、秦の始皇帝から清朝まで、一貫して帝政が敷かれてきました。すべての権力が皇帝に集中していたのです。そのため、皇帝は、常に暗殺の的でした。結果、暗殺を防ぐ方法についても、長い期間にわたり研究されてきました。

現在、習近平など中南海（最高権力者の居住地）に住む要人の警護は、武装警察官が担当しています。習近平の警護に抜擢されるのは、武装警察官のなかでもエリート中のエリート。彼らは、ほぼその全員が農民出身ですが、当局は候補者の家族や親戚、友人、遠縁までチェックします。犯罪者や反政府的な考えを持つ人がいないかどうかを慎重に調べるのです。その調査をパスしなければ、絶対に抜擢されることはありません。

要人の警護に抜擢されて任期を無事に全《まっと》うすることができれば、特に条件のよい天下り先が用意されます。そのため要人の警護は、北京勤務のなかでも最高位の憧れのポストです。

知人によると、中国には「犬でも三日飼えば可愛くなる」という諺があるそうです。護衛は通常、要人と言葉を交《か》わすことはありませんが、一生懸命に勤めていれば、織田信長《おだのぶなが》の草履《ぞうり》を温めた豊臣秀吉《とよとみひでよし》の逸話《いつわ》ではありませんが、その様子が要人に伝わります。すると退任の日に「ご苦労だった」と言葉をかけられ、一緒に記念撮影……その写真は一生の宝物になります。

要人が失脚してしまえば別でしょうが、現在の江沢民のように九〇歳を超えても影響力を保持しているのなら、そのお言葉と写真の威力は絶大です。

現在、習近平への権力の集中が行われていますから、習近平の警護をしていたということになれば、周りが十分に「忖度《そんたく》」してくれます。

天下り先は田舎の役所や警察署などが多いのですが、習近平の直々《じきじき》のお声がかりとなれば、若くして署長クラスに抜擢されることも珍しくないといいます。その後の努力によって、さらに上の地位も望めます。

このようなシステムが完成しているので、要人周辺の警護者は、一時も油断することなく忠誠を尽くしています。ゆえに、暗殺など、絶対に起こりえません。

軍人デモに見える幹部の権力闘争

中国の軍事予算は発表されているよりも多い、これはよくいわれていることですが、その実態はいま一つ不明です。ただ、ここまで書いたことは、中国の軍事費が少なく計上されている理由の一つになっています。

まず、兵士の給与は、都市住民の給与よりずっと安い。農民の就職先としても安いのです。それにもかかわらず、質のよい兵士を集めることができるのは、天下りのお蔭です。

兵士の給与は軍事費として計上されますが、天下り先の給与やそこで得られる余徳は、軍事費には計上されていません。ちなみに、日本の自衛隊の人件費は防衛費の四二％にもなります。徴兵制を採用していない国の軍事費の多くは、兵士の人件費。つまり人件費を天下りによって補うことができれば、それによって軍事費を少なく見せることができるのです。

ただ現在、そのシステムに綻《ほころ》びが生じ始めたようです。経済成長を遂げていた時代は、兵士が望むような天下り先を用意することが叶《かな》い、それは人民解放軍や武装警察の忠誠心や士気を保つうえで有効でした。しかし国営企業の経営が不振に陥り、過剰生産設備が問題になる昨今、このシステムは、うまく作動しなくなったようです。

二〇一六年、退役した軍人たちが生活苦を訴え、北京の中心部で集会を開きました。これは、日本も含めた外国のメディアで報じられましたが、実は人民解放軍のなかで、重大な変化が起きていることを示す予兆になっています。

この件について、中国人の知人に尋ねてみました。中国では、このニュースは一切流れていませんが、一部の人々には口コミで広がっているようです。ただ知人も、正確な情報をつかみかねているようでした。

外国のメディアには、軍服を着た退役軍人が北京の中心部に多数集合している写真が載っていました。彼らはバスなどに乗って地方から来たといわれています。しかし知人は、そこがおかしいというのです。なぜか？

軍服を着た退役軍人が、それも大勢が、バスに乗って北京に入るなどということは、不可能なのだそうです。必ず、どこかの時点で見つかり、警察にストップさせられるといっていました。

ということは、このような写真が外国メディアに掲載されるのは、治安当局が黙認しているからに他なりません。そうであれば、これは何らかの意図のある行動だったと考えるほうが自然でしょう。

つまり、共産党上層部の権力闘争が関係しているのではないでしょうか？　中国では、デモを行わせ、それを理由に対立派閥を攻撃する手法はよく使われるそうです。

ただ、いずれにしても、経済成長が終わり始め、退役軍人に多くのポストを用意していた国営企業が不振に陥ってしまったため、軍人に条件のよい天下り先を用意できなくなったことが背景にあるのは確かでしょう。

そうであるなら、この先さらに経済が低迷すると、人民解放軍や武装警察の士気や忠誠心を保つことが難しくなります。

日本では、中国人民解放軍といえば、南シナ海での活動を活発にするなど、威勢のよい話だけが報道されますが、兵士の大部分を占める農民の視点で見たとき、極めて脆弱《ぜいじゃく》な組織であることが露呈します。

科挙で高潔な人格を選べるのか

中国の軍を理解するには、科挙について、より理解を深める必要があります。先にも書きましたが、科挙を作り上げたのは、地方に豪族を割拠《かっきょ》させないためでした。

中国は大きな国です。なかなか地方にまで目が届きません。その結果、中央の力が弱まると、地方に住む豪族は直《ただ》ちに反乱を起こします。それを防ぐため、試験に合格した官僚を地方に派遣することにしたのです。

すると科挙では、どのような試験が行われたのでしょうか？　もちろん、数学や英語ではありません。儒教の経典《きょうてん》を暗記して、それに基づく流麗《りゅうれい》な美文を書くことでした。すなわち、実学にはほど遠いものです。

ではなぜ、それでも役人として通用したのか？　科挙合格者が実際の業務を行うことなどなかったからです。実務は、科挙に合格しなかった下級官僚が行いました。

この、実務は行わない科挙合格者は皇帝の代理人……ですから、教養と高潔な人格が求められました。しかし、試験によって高潔な人格の人間を選ぶことなどできません。科挙合格者の多くは高い教養を有していましたが、同時に汚職も大好きだったのです。

科挙は中国にしか生まれませんでした（朝鮮とベトナムが真似をしましたが）。ヨーロッパでも日本でも、中世から近世になっても、地方行政のトップを中央が行う試験で決めることはありませんでした。

例外は日本の明治政府。このシステムを導入し、第二次世界大戦が終わるまで、官選の知事を置いた時代がありました。が、これは日本の歴史上、例外中の例外です。そして、終戦と同時に使命を終えています。

日本でもヨーロッパでも、地方は豪族が治めていました。そうして地方豪族は、中央政府に忠誠を誓います。中央の指揮下に入って戦うことを約束する代わりに、土地の所有権と行政権を認めてもらう。これを封建制といいます。

ヨーロッパや日本では、近世になるまで封建制が続きます。近代的な国家ができ上がるまで、武力で成り上がった豪族こそが、地方の支配者でした。

日本では、地方豪族は武士でした。江戸時代の大名を考えれば分かりやすいでしょう。ヨーロッパでも、騎士やその親玉のような存在が、地方の豪族でした。その騎士の親玉の末裔《まつえい》は貴族と呼ばれることもありましたが、その本質は武人です。武をもって成り上がった人々だったのです。

つまり日本やヨーロッパでは、長い年月にわたり、武人が地方の行政を担ってきた、ということです。

武士道も騎士道もない中国の悲劇

日本やヨーロッパでは、武人は社会で高い地位を得ていました。武人は尊敬されるべき存在なのです。だからこそ、武人のあり方が問われた。その結果、日本では武士道、ヨーロッパでも騎士道が、倫理や道徳の要《かなめ》として発達しました。

常に命を懸けて戦う軍人にとって、約束は大事です。違約は命の問題に直結しますから、裏切りを最も嫌います。だから、どの武士でも騎士でも任侠《にんきょう》人でも、男の約束は守る。アメリカの西部劇を見ていても、男と男の堅い約束や友情が多く描かれています。武人がリードする社会では、約束は絶対なのです。

それは現在でも生きています。日本のサラリーマン社会でも、「武士（男）に二言はない」などといって、武士のあり方を倫理の基準にしているところがあります。二度三度と言を翻《ひるがえ》す男は信用できない。そして、会社や組織に対する忠誠心を大切にします。

それは、ノブレス・オブリージュ（高貴なる者の義務、戦争になったら高い地位の者が真っ先に戦いに行く）が残るヨーロッパも同じでしょう。

このあたりの感覚が、中国では、大きく異なっています。科挙制度を採り入れたために、高官のすべてが文官だったからです。

一方の武人は、社会で枢要な地位を占めることができませんでした。その結果として、中国では、武士道や騎士道が発達することはありませんでした。

『三国志』や『史記』に書かれる物語を持ち出して来て、これに反論する人がいると思います。劉邦《りゅうほう》と項羽《こうう》に代表される司馬遷《しばせん》の描く世界や、関羽《かんう》や張飛《ちょうひ》が活躍する『三国志』には、男の約束や義侠心《ぎきょうしん》が存在したのではないかということです。

それは正しい反論です。しかし、そのような精神が、現在まで続くことはありませんでした。まず、司馬遷が記した『史記』は紀元前の中国。そして『三国志』は、三世紀の話です。その時代は封建制でした。地方に豪族が陣取り、その首領が国の皇帝になったのです。だからこそ中国にも、武士道や騎士道に似た感覚が存在したのだと思います。

しかし約一〇〇〇年前、宋朝になって科挙システムができ上がると、試験に合格した文人が地方長官になり、武力をもって成り上がった人々が社会の中枢を占めることがなくなってしまいました。その結果、中国人のメンタリティは、それ以前とは大きく異なってしまったのです。

武人の身分が低くなった結果、宋朝以降、武人が新たな王朝を作ることもなくなりました。宋（北宋）は金（満州族）に滅ぼされます。その後、北宋の末裔《まつえい》が南に逃げて長江以南を支配し南宋が生まれますが、その南宋は元（モンゴル族）に滅ぼされてしまいます。

その後、元が中国に君臨しますが、これは異民族の国家。この元は、農民の反乱によって滅びます。そのあとは明が成立しますが、その開祖である朱元璋《しゅげんしょう》は、貧農の出身です。武人ではありません。

この明は、満州族に滅ぼされ、清が成立しますが、清も異民族である満州族が打ち立てた国。そして辛亥《しんがい》革命によって清が滅び、中華民国が成立しますが、辛亥革命の中心人物は孫《そん》文《ぶん》……彼は文人です。また、中華人民共和国を作った毛沢東は富農出身で、武人ではありません。

このように、宋朝以降、中国は軍人が活躍する社会ではなくなってしまいます。清の時代から中華民国にかけて、軍人である袁世凱《えんせいがい》や蔣介石が歴史の舞台に上がりますが、彼らは歴史の流れのなかでは、脇役といってもよい存在でした。

約一〇〇〇年前から、科挙によって選ばれたエリート文人が社会で枢要な地位を占めるようになると、中国には武士道や騎士道の倫理がなくなってしまった……そして文官、つまり官僚による陰謀や汚職が、むしろ社会の基礎になってしまいました。

中国の外務大臣や報道官の言い草が、なんとなくヒステリックで言い訳がましく、かつ高圧的であるのは、心のどこにも武士道や騎士道がないためです。言い訳が上手な官僚の成れの果て、なのです。

宋以降に生まれた英雄は、アウトローだけでした。受験エリートである官僚は、英雄にはなれません。

たとえば宋朝以降の民衆の英雄は、『水滸伝《すいこでん》』の登場人物。これは徽宗《きそう》皇帝の時代の出来事を明時代に脚色して作られたフィクションですが、その英雄たちは、すべてならず者、つまりアウトローです。そこに描かれる世界は、皇帝やそのライバルの話ではありません。

『史記』や『三国志』の世界の英雄とは、まったく異なっているのです。
科挙制度を作ってしまったがために、中国には、武士道も騎士道もありません。その結果、中国の軍人には、忠誠心などありません。国のために戦う、などということは、これっぽっちも考えていません。そんな軍隊が強いわけはないでしょう。

汚職と売官――人民解放軍の真実

現在の中国人民解放軍の実態を知るには、徐才厚という人物を語ることが最も適切でしょう。徐才厚は、習近平の行う汚職追放運動のもと、二〇一四年に失脚、逮捕されました。逮捕されたあと、二〇一五年に、膀胱《ぼうこう》がんのため死去しています。

彼は、胡錦濤の時代、党中央軍事委員会副主席に就任しています。軍事委員会主席は胡錦濤ですから、事実上、彼は軍人のトップでした。しかし、中国人民解放軍総後勤部元副部長の谷俊山《こくしゅんざん》（汚職で逮捕され一審で執行猶予付き死刑判決を受けた）から多額の賄賂《わいろ》を受け取り、自宅に金塊《きんかい》として隠し持っていたとされています。香港で一〇〇億香港ドル（約一四〇〇億円）を資金洗浄しようとした事件にも関係していたともいわれ、妻と娘も逮捕されました。

徐才厚は、一九四三年、満州国時代の奉天省復県で生まれました。そして、一九六三年に二〇歳で人民解放軍に入隊しています。それまで軍の学校に在籍したことはなく、兵士として入隊しました。そうして特に後ろ盾《うしろだて》もないまま、その才覚だけで出世していったようです。

いまでは中国にも、日本の防衛大学校に相当する学校がありますが、現在の幹部が若かった時代に軍のエリート学校はなく、幹部といえども一般兵士から昇進したようです。

徐は政治将校を長く務めましたが、その仕事は、独裁政権で軍を党の指揮下に置くこと。政治家の命令を軍人に伝える役割です。

そんな徐が出世街道を歩けたのは、軍のなかでも政治が大きな力を持つことを表しています。つまり、これまで科挙合格者たる文人が軍を支配し続けて来た伝統の、延長なのです。

加えて、軍のトップが自宅に金塊を隠し持つといった恥ずべき汚職を行っています。そんなトップを部下が見習うのは当然……こうして中国人民解放軍には、汚職が蔓延《まんえん》していきます。

先に述べたように、天下りがあるため、農村で軍隊はそれなりに人気のある職場になっています。そのため、親が試験官に賄賂《わいろ》を贈って子を入隊させることが常態化しています。また、昇進するためには上司に対する賄賂が必須とされています。

軍隊では命にかかわる仕事を行うので、通常の国では、汚職が横行するような雰囲気にはなりません。ところが中国では、これまで述べてきたような歴史的背景があり、軍隊における売官は常識の範囲内です。そして、昇進するのにお金がかかったとしても、出世すれば元がとれる。よい天下り先にあり付けるのなら、お金を払ってもよいのです。

軍の事業の利益も懐に入れて

売官だけではありません。中国人民解放軍は、異なる意味でも腐敗しています。それは、軍が事業を行っていることに関係しています。このあたりは、人民解放軍が国軍ではなく、中国共産党の軍隊であることにも関係しているでしょう。ある意味、人民解放軍は、「私」の軍隊なのです。だからこそ営利事業を行ってもよい、ということになります。

また、戦争が終わって平和になると、人民解放軍の兵士たちは僻地《へきち》の開墾《かいこん》などにも駆り出されました。文化大革命時代に有名になった大慶油田は、軍隊によって開発が進められたものです。そんな歴史もあり、軍が営利事業を営むことは、中国ではごく普通の感覚で受け入れられています。

こうして軍隊が稼ぐお金は、公式の軍事費には入っていないと考えられます。そのため、これを加えれば、中国の軍事費は公表されている数字よりずっと多くなると思います。

人民解放軍には隠れた予算があると主張する人のなかには、「防衛費を安く見せかけて外国を油断させている。実際にはより多くの予算を持っている」という意見がありますが、これから語る話を聞けば、そうは思わないでしょう。

たとえば人民解放軍は、ホテルなどを経営しています。これは本来、軍人が出張する際に利用する施設だったのですが、いつの間にか民間人にも開放され、軍が利益を上げる道具になっています。私も一度宿泊したことがありますが、ごく普通のホテルでした。

北京には、軍が経営する有名な飲食店もあります。それは、北京に出張してきた軍人が利用するためのものでしたが、いつしか民間人にも開放され、お金さえ払えば誰でも利用できる施設になりました。

そこのサービスが凄い、そんな噂《うわさ》がありました。ここでいうサービスとは、性的な接待を意味します。お堅い共産主義の国ですから、そんな施設は認められるはずはありません。特に首都である北京ではご法度《はっと》です。

しかし、どの国の男性も、人民解放軍の幹部も、考えることは同じ。出張に行って仕事が済んだその夜に、お酒が入れば、そのようなサービスに心が動く人が多いのでしょう。一般人も行くことができます。

首都・北京で、よくそんなことが可能だと思われるでしょうが、人民解放軍が経営する飲食店には、警察といえども手が出せません。そんなわけで、その飲食店だけが特例になっていました。

ただ、現在は閉鎖されたと聞きました。良識ある人々が眉をひそめていたために、汚職撲滅運動が始まった際に、真っ先に閉鎖されたそうです。

しかし、人民解放軍が経営しているのは、ホテルやレストランだけではありません。軍服を作る工場では、軍服だけでなく、実は民生用の服も作って販売しています。そのような事業を行い、利潤を兵器作りに充《あ》てているのであれば、中国は油断ならない国ということになるでしょう。

しかし、ここまでの話を読めば分かるように、良識ある人々が眉をひそめる性的サービスで稼いだお金を軍備に使うはずなどありません。利潤はすべて、幹部の闇手当に消えていると思われます。

そんな人民解放軍です。中国政府から支給された国防費の多くが汚職に使われているとの噂が絶えません。

実際、人民解放軍は、あまり実弾を用いた演習を行わないそうです。演習の予算は計上してあるのですが、実弾を使うとお金がかかるために行わない。実弾を買うべき費用で家庭電化製品などを買っているという噂もあります。

ある内陸部の日本資本が経営するデパートで聞いた話ですが、その街に駐屯する人民解放軍は、そのデパートのお得意さんだそうです。日本製の家庭電化製品をまとめ買いしてくれる。高い製品は幹部用ですが、一般兵士用にも、日本製の電気釜を大量に購入するそうです。

それを買い付けるときには、軍のトラックをデパートの正面玄関に横付けにします。デパートは繁華街《はんかがい》の交差点にあり、周辺一帯は駐車できないことになっていますが、軍の車はお構いなし。軍ナンバーである以上、警察も取り締まりができないのです。まさに傍若無人《ぼうじゃくぶじん》の振る舞いです。

農家の子どもにとって人民解放軍はよい職場であると先述しましたが、春節《しゅんせつ》（旧暦の正月）などで帰省する際、軍は特別手当として、日本製の電気釜を持たせてくれるのだそうです。これは、演習用の費用を流用して買ったものと考えられます。まったくもって、いい職場ですね。羨《うらや》ましい。

尖閣諸島問題で日中関係が緊張した直後は、さすがに日本製の電気釜を買いあさるのは控えていましたが、日本製品は人気があるため、ホトボリがさめると、また買いに来るようになったそうです。

――これが人民解放軍と、その予算の使い方の実態です。中国軍には裏予算があって軍備を着々と増強しているという噂は、実態とは大きく異なっていると思います。

間近に見ている人々にとって、人民解放軍は汚職の巣窟《そうくつ》に見えるようです。多くの中国人は心のなかで、こんなふうに思っているのだそうです。

「尖閣諸島問題では、ぜひ人民解放軍が出動すべきだ。日本と戦えといっているわけではない。演習をサボって、その費用で電気製品など買っているのではなく、真面目《まじめ》にやれ！」

ただ、「人民解放軍は内弁慶《うちべんけい》だから、丸腰の中国人民には強く出るが、訓練が行き届いた日本の自衛隊や米軍が本気で撃ってくれば、われ先に逃げ出すだろう」ともいっています。

そう考えるのも、当然でしょう。これまで語ってきたように、人民解放軍には、国への忠誠心など欠片《かけら》もないのです。軍人は、ただ有利な職場だと思って入隊しただけ。命を捨てる気など毛頭ありません。

それは、彼らが悪いわけではありません。中国軍の伝統なのであり、戸籍アパルトヘイトのもとで農民戸籍を持つ者としては、当然の行動でしょう。

中国外交の典型と文治政治の弱点

靖康《せいこう》の変――これは、中国人の深層心理に深く刻み込まれています。この変を理解することなしに、中国の対外政策を理解することはできないと思います。中国の対外発言がヒステリックになる原因の一つも、ここにあります。

中国に統一王朝が出現したのは約二二〇〇年前ですが、歴代の王朝の国土は、現在よりずっと小さかった。歴代王朝が支配した地域には、内モンゴル、新疆《しんきょう》ウイグル、チベット、そして旧満州は含まれていませんでした。

現在の領土は、約二五〇年前、清の全盛期に、乾隆帝《けんりゅうてい》が作り上げたものです。しかし、清末から中華民国にかけて、中国は乾隆帝の時代に広がった版図《はんと》を十分に掌握《しょうあく》することはできませんでした。

内モンゴル、新疆ウイグル、チベット、満州の人々が完全に中国の領土に組み入れられたのは、それほど昔ではありません。その結果、いくら共産党が弾圧しても、それらの地域では独立運動が続くのです。

そのなかでも満州は、やや特殊です。満州には中華民族ではなく、満州族が住んでいました。寒冷な地域であるために農業は盛んではなく、彼らの多くは牧畜や狩猟を主な仕事にしていました。なかなか勇猛な人々です。

彼らは四〇〇年ほど前に明を滅ぼし、満州人の国である清を建国しました。ただ、その後、満州族は中国文化に取り込まれてしまいます。満州族のアイデンティティを失ったのです。満州語は死語になり、また、自分は満州族だと考える人もいなくなりました。

その結果、現在、旧満州で中国からの独立運動が起きることはありません。この点が、チベットや新疆、あるいは内モンゴルなどとは異なります。

話は清朝成立より、さらに六〇〇年ほど遡《さかのぼ》る、約一〇〇〇年前、宋の時代。その頃、旧満州には、金という国がありました。

満州族は牧畜などで生活をする遊牧民です。先述しましたが、遊牧民は農耕民に比べて人口が少なく、かつしばしば内紛が起きますから、大軍団を率いて中国に攻め込むことはありませんでした。

だから万里の長城程度でも、遊牧民の襲撃を防ぐことができた。考えてもみてください。もし大軍が、本気で万里の長城を突破しようとすれば、簡単に突破できます。一部に集中して一ヵ所を破壊すればよいのですから、それほど難しい作業ではありません。万里の長城が防衛線として有効だったのは、相手が小部隊だったからです。

しかし、長い歴史のなかでは、多くの部族を糾合《きゅうごう》する英雄が現れることがあります。その代表は、モンゴル族のジンギスカンでしょう。ジンギスカンだけではありません。彼が現れる約一〇〇〇年前に、満州族にアクダという英雄が出現しました。そして彼が作った国が金です。

英雄が出現して強い国ができれば、満州は寒いですから、より暖かな南に進撃したいと思うのは、人情でしょう。こうして金と宋との戦いが始まります。

約束不履行は中国王朝の得意技

その頃、宋は建国から既に約一五〇年が経過していました。中国では、王朝は、建国から時間が経過するにつれて汚職や内紛が増えていきます。これは、中国の伝統といってもよいくらいです。

国が大きいために、中国は、能力ある皇帝や官僚集団でなければ統治できないのですが、代が替わるにつれて皇帝はただの「ぼんぼん」になり、また官僚も、党派を組んで争うようになります。それは平和が続き、出世と利権だけを追求する小人物が増えるためでしょう。

さて、金が攻め込んできたときの宋の皇帝は、徽宗《きそう》でした。徽宗は中国史上、なかなかの有名人です。彼は単なる「ぼんぼん」ではありません。ただ、英雄でもありませんでした。むしろ、英雄とは真逆《まぎゃく》のタイプです。

そう、彼は芸術家だったのです。金に糸目をつけず書や絵画を収集したため、芸術は大きく開花しました。それだけではありません。彼自身が第一級の芸術家だったのです。

徽宗が収集したり自分で書いたりした書や絵画の多くは、金に攻め込まれた際に散逸《さんいつ》してしまいましたが、それでも一部は現存しています。それらを見ると、徽宗は美的センスに優れ、また彼自身が超一流の芸術家であったことが分かります。彼は皇帝に生まれたことがそもそも間違いだったのでしょう。

そんな皇帝ですから、内政を顧《かえり》みることはありませんでした。その結果、地方で反乱が頻《ひん》発《ぱつ》し、かつ汚職や党派争いが続いて、中央政界は混乱していました。このとき、北方の金が攻め込んできたのです。

金は一挙に宋に攻め込んだわけではありません。その前に、何度も交渉が行われています。その交渉において、宋は極めて不誠実な態度を取り続けます。

宋の北方に遼《りょう》という国がありました。金が台頭するまで、宋は、遼の脅威にさらされていたのです。そんなとき満州で金が台頭し、遼と対立するようになりました。

宋はそれを見て、かねての脅威だった遼を攻めるチャンスと考えました。金と同盟を結んで、遼を攻めることにしたのです。その約束にしたがって、金は遼に攻め込みましたが、宋が遼に攻め入ることはありませんでした……約束を破ったのです。

宋の南部で反乱が起きて、その鎮圧《ちんあつ》に忙しかったことが理由ですが、いったん約束を交《か》わしたなら、内乱の鎮圧に忙しかったとしても、小規模の軍勢を派遣するなど、何らかの誠意を見せるべきでしょう。しかし宋は、金を格下の同盟国と考えて、誠意を見せることはありませんでした。

官僚の悪口をいうわけではありませんが、官僚は口がうまいこともあり、何だかんだといっては約束をたがえます。宋の官僚たちも同様です。結局、約束を守りませんでした。心の底で、野蛮人との約束など守らなくてもよいと思っていたのです。いわゆる華夷《かい》秩序を重んじる、中華思想（自分たちが世界の中心）からの発想でしょう。

中国人は最初、頭を低くして教えを乞《こ》うのに、いったん技術を習得すると、手のひらを返したように冷淡な態度をとり、恩を仇《あだ》で返すようなことを平気でする――日本企業のみなさんからよく伺う話ですが、そのような態度は、いまに始まったことではありません。それは、文人政治家が、約一〇〇〇年前の宋の時代に始めたことです。

金は遼を独力で攻め、滅ぼします。そうして金は遼の領土を併合し、一層の強国になりました。そして、不誠実な態度をとった宋に圧力を加え始めます。金の軍勢は、宋の領内に攻め入りました。ただ、最初に攻め入ったとき、金も本気で宋を滅ぼそうとは思っていなかったようです。

そのため金と宋は、休戦条約を結びます。宋は金に領土の割譲《かつじょう》や賠償金の支払いを約束するのですが、金軍が北方へ戻ると、またしても、その約束を実行しませんでした……。

これは中国外交の典型的なパターン。それは中華思想がなせる業《わざ》といってよいでしょう。しかし一方、これは文治政治の弱点ともいえます。

中国は世界の真ん中に位置する「華《はな》」、だから中華なのです。周囲に住むのはみな野蛮人。東夷《とうい》、西戎《せいじゅう》、南蛮《なんばん》、北狄《ほくてき》と、四方にいる人々を馬鹿にしてきました。ちなみに、日本人は東夷です。その意味は、東方に住む野蛮人です。

武威に屈したといっても、宋と金は対等ではありえません。いつまでも相手は格下。だから、そんな相手との約束など、守らなくてもよい——。

度重なる違約に怒った金は、全軍を挙げて、宋に攻め込みます。本気で攻め込んでくると徽宗は恐ろしくなり、息子の欽宗《きんそう》に位を譲ります。こんな体《てい》たらくでは、国を守れるはずなどありません。首都・開封は簡単に陥落しました。宋（北宋）の滅亡です。

そしてその後、中国史上最大の悲劇が訪れます。金の軍隊が、開封の城内で、乱暴狼藉《ろうぜき》を働いたのです。ただ、これはその時代の常識ですから、仕方のないことといってよいでしょう。

悲劇はそのあと……金は、宋の皇帝一族や宮廷女官を、本拠地である満州に連れ去ったのです。その数は数千人といわれています。もちろん、徽宗も欽宗も捕虜として満州に連れ去られました。

このような行為に及んだ理由は、度重なる約束の不履行《ふりこう》で、金の武将たちが激怒していたこと、そして辺境の国と見られていた金の、宋に対する劣等感が重なったためだと考えられます。

中国の報道官が自分勝手なわけ

靖康の変のような目に遭えば、「文治政治は間違いであった。武人が政権の中心を占めるべきである。科挙は止めよう」と、普通の国だったら考えるでしょう。しかし中国の歴史は、そのようには動きませんでした。

それは、やはり中国が巨大な国だからです。科挙を廃止して武人に高い地位を与えると、必ずや武人が反乱を起こします。だから、武人を地方長官にするのはまずい。科挙によって選ばれた文官を地方に派遣するシステムを変えるわけにはいかなかったのです。つまり、広い中国では、外敵より内部の敵のほうが怖いのです。

そんな南宋で誕生したのが朱子学でした。この創始者は朱熹《しゅき》（一一三〇〜一二〇〇）。朱熹も科挙に合格した高級官僚です。靖康の変は一一二六年に起こっていますから、朱熹はその四年後に生まれたことになります。

朱熹は、皇后、皇女、女官が金に連れ去られて性的な奉仕を強要されていることを聞いて育ったのだろうと思います。そして、皇后や皇女を力ずくで取り返すことができない南宋の不甲斐《ふがい》なさに対し、強い怒りを覚えたことは、想像に難くありません。

そんな彼が作り上げたのは朱子学でした。これは、孔子に始まる数多くの儒教の経典《きょうてん》を整理・再考し、より合理的で整合的な理論体系に作り直したもの。古い儒教には、占いや迷信に類するものも含まれていましたが、それらを取り除いたのです。

朱子学の学説の一つに名分論があります。これは、名称と実質の一致を求め、国家社会の秩序を確立しようとする儒家の思想。そこでは皇帝はどんなことがあっても皇帝であり、家臣はどんなことがあっても家臣なので、家臣はいかなるときも皇帝に忠誠を尽くすべきである、そんな内容です。

かなりヒステリックな教義といってよいでしょう。そこには、武力において金に敵《かな》わなかった宋の怒りが反映されている、そう考えるのは邪推でしょうか。

国際政治では、このような名分論よりも、現実を正しく分析するほうが大切です。朱子学よりもマキャベリズムのほうが実態に即しています。

近年の尖閣諸島や南シナ海への進出、そして歴史認識に関する中国政府の言動には、朱子学の影響を強く受けていると思うところが多々あります。そう、現状認識が主観的なのです。

そして一度、自分が正しいと思うと、周囲の状況を見てその考えを改めることはありません。負け犬の遠吠《とおぼ》えではありませんが、かなりヒステリック。聞く耳など持ちません。名分論と中華思想が混ざり合ってしまうと、実態に即して現実的な交渉を行うことは、きわめて困難になります。

中国には、マキャベリズムに基づく合理的な外交などありません。このことは、尖閣諸島や南シナ海の問題を考える際の、重要な鍵の一つだと思います。

ちなみに、江戸時代の後期、多くの武士が朱子学を学びました。それは、朱子学は主君を重んじる思想であり、幕藩体制にとって都合のよい理論だと思ったからです。しかし名分論を極めると、将軍を任命した天皇のほうが将軍より偉いことになってしまい、それこそが、天皇を担《かつ》いだ討幕運動につながったと語られます。

この朱子学は、南宋以降の中国人の物の考え方に対し、決定的な影響を及ぼしました。それは、江戸時代の日本の比ではなかったのです。

なぜなら、科挙の問題は、朱子学に基づいて出題されたからです。すると、朱子学をマスターしない限り、科挙には合格しません。そのため中国の知識人は、若い時代、朱子学を必死になって勉強したのです。その影響力は計り知れないものがあるでしょう。

名分論をよくマスターした人が試験に合格し、かつ名分論を上手にこね回す官僚が出世する……これは極めて歪《いびつ》な世界です。

中国の外務大臣や外務省報道官がヒステリックに自分勝手な論理を声高《こわだか》に話す理由は朱子学にあると考えても、大きな間違いにはならないと思います。

漢奸を最も恐れる理由

その後、明は満州族に滅ぼされますが、そのときのエピソードから、内部の敵を恐れる中国人の心情を理解することができます。

明末になると、お決まりの農民の反乱が頻発《ひんぱつ》します。李自成《りじせい》を首謀者とする大規模な反乱が起こりました。李自成は地方長官ではありません。どこの馬の骨か分からない人物です。

この李自成が反乱を起こしているとき、満州族が力を付けて、万里の長城を越え南下しようとします。明は慌てて呉三桂《ごさんけい》という将軍を北に派遣しますが、それは失敗でした。その隙《すき》に、李自成の反乱軍が北京に迫ってきたのです。すると明の最後の皇帝である崇禎帝《すうていてい》は、紫《し》禁城《きんじょう》の北に現在もある小高い山に登り、自害しました。明の滅亡です。

しかし、それでも呉三桂の軍隊が戻ってきて李自成を討つことができれば、まだ明には復活のチャンスがありました。それを恐れた李自成は、北京から呉三桂の討伐《とうばつ》に出撃します。

こうして呉三桂は、背後からは李自成、正面には満州族と挟み撃ちになり、絶体絶命のピンチに陥ります。そのとき呉三桂は、皇帝の仇《あだ》を討つと称し、満州族とともに李自成と戦うことにしたのです。

この呉三桂の決断によって、満州族は、万里の長城を越えて中国国内に入ることができました。その後、満州族と呉三桂は李自成を滅ぼし、満州族は清を建国することになります。結果、呉三桂は清の家臣になり、中国南部に封じられました。

実は、中国人が最も恐れるのは、呉三桂のような行動をする中国人です。中国は、内部に敵に内通する者が現れたときに亡びるからです。そして、そのような人物を漢奸《かんかん》（中国を裏切った中国人）と呼び、毛嫌いします。

そんなエピソードを思い起こさせる話があります。第二次世界大戦が日本の敗戦に終わったあと、中国では、日本軍に協力したとして、映画女優であった李香蘭《りこうらん》（山口淑子《やまぐちよしこ》）と東洋のマタハリと呼ばれた女スパイ・川島芳子《かわしまよしこ》が、国民党軍に逮捕されます。

その後、川島芳子は漢奸として銃殺刑に処せられました。川島芳子は清朝皇帝の一族として生まれ、その後、日本人の養子になっていたのですが、中国人から生まれたから中国人。だから、漢奸として処刑されたのです。

一方、李香蘭は、中国名を名乗って中国語が堪能《たんのう》でしたが、彼女は日本人から生まれた日本人……それが戸籍謄本によって証明されると、中国は李香蘭を釈放し、日本に帰国させました。このエピソードからも、中国人が何を恐れ、何を憎むかが、とてもよく分かります。

文官とゴロツキが戦うアヘン戦争

中国の王朝は、財政基盤が弱く、大きな常備軍を抱えることはありませんでした。そのため、反乱や外敵の侵入などがあると、地方の親分にお金を渡してゴロツキを集めさせます。それを兵士として雇うのです。そんな軍隊ですから士気も低く、統制もとれません。彼らは、すぐに強盗の集団に変わります。

アヘン戦争の際にイギリス軍と戦った中国軍のトップは林則徐《りんそくじょ》ですが、彼は科挙に合格した高級官僚であり、軍人ではありませんでした。イギリス軍との戦いでも、清の正規軍は僅《わず》かで、そのため林則徐が率《ひき》いた軍人の多くは、寄せ集めのゴロツキでした。林則徐も地方の親分にお金を渡し、ゴロツキを集めたのです。

そんな軍隊が強いわけがありません。軍律も徹底せず、それほどの数でないイギリス軍に負けてしまいます。

考えてもみてください。いくら近代的な武器を持っているといっても、イギリスは中国から遠く離れています。当時の輸送力で大軍を運べるはずなどありません。アヘン戦争は中国近代史の悲劇の始まりですが、文官にゴロツキを雇わせて戦った清の側にも非があるといってもよいでしょう。

テレビドラマの題名ではありませんが、「逃げるは恥だが役に立つ」は、中国軍の伝統です。

歴史を顧《かえり》みれば、文官が世の中をリードするようになった宋朝以降、中国軍が外国の軍隊と正面から戦って勝利したことは一度もありません。明の永楽帝《えいらくてい》と清の乾隆帝《けんりゅうてい》が周辺の部族を蹴散《けち》らして領土を広げたことはありますが、外国の正規軍との戦いでは、すべて負けています。

金に負けた靖康の変のあとも、モンゴル族に征服されて元を戴《いただ》き、満州族に征服されて清に屈服しています。その後も、イギリスと戦ったアヘン戦争、日本と戦った日清戦争、そして日中戦争……一九七九年にはベトナムとも戦って負けています。

日中戦争については、中国は日本に勝利したといっていますが、日本軍は中国軍に負けて中国大陸から撤退したわけではありません。太平洋戦線でアメリカに負けたがために、中国との戦争も止めて撤退しただけです。日本軍は米軍との戦争で兵力が不足すると、中国で戦っていた部隊を南方戦線に移しましたが、手薄になった日本軍に対しても中国軍は、最後まで勝利することができませんでした。

現在の中国人民解放軍は、中国の歴史の残滓《ざんし》をＤＮＡとして受け継ぎ、さらに現代的な格差問題を解消する器《うつわ》として、戸籍アパルトヘイト国家・中国に、歪《いびつ》な姿で生存しています。

コラム② 学徒出陣と明治における科挙導入の関係

第二次世界大戦における学徒出陣は、日本では悲劇として語られますが、これは明治時代に中国の科挙を真似て東京帝国大学や高等文官試験を作った結果と考えられます。

もし江戸時代が続いていれば、エリートたる旗本や各藩の武士たちは、第二次世界大戦においても真っ先に、戦に飛び込んでいったことでしょう。イギリスでもアメリカでも、エリートである大学生は、真っ先に軍隊に行きました。ノブレス・オブリージュというやつです。実際、イギリスのアンドリュー王子は、一九八二年のアルゼンチンとのフォークランド紛争に際し、ヘリコプターのパイロットとして従軍しています。

しかし、明治期に科挙を導入した日本では、大学生が率先して軍人になることはありませんでした。日本で学生に対する動員が行われたのは一九四三年の秋のこと。戦いが始まって二年も経った頃です。このことは戦局にも影響を与えます。

たとえば飛行機を操縦するには、高度の知識と理解力が必要になります。そのため各国は、大学生をパイロットとして養成することを考えました。

ジョージ・ブッシュ大統領（父）は、日本との戦争が始まった一九四一年一二月、まだ一七歳の少年でしたが、真珠湾攻撃を知ると直ちに海軍に志願しています。そうして高校を卒業するのを待って入隊し、飛行機のパイロットになりました。

ブッシュ家は東部の名門であり、父親は共和党の上院議員。そんな家庭の息子が真っ先に戦場に赴《おもむ》き、最も危険な仕事であるパイロットにならなければならない、そんなムードがあったのでしょう。もちろん、本人もそれを当然のことと考えていたようです。

戦争の中盤になると、アメリカのグラマンやイギリスのスピットファイアの操縦手の多くは大学生でした。しかし日本の大学生は、一九四三年の秋からパイロットとして訓練を始めたため、彼らがマリアナ沖海戦に参加することはありませんでした。

日本の大学生の訓練が終わった一九四四年の秋頃、戦局はほぼ決していました。もはや、日本はアメリカと対等に戦うことができなくなっていたのです。その結果、特攻作戦が繰り返され、多くの学生が特攻隊員として南海に散ることになりました。それは今日まで、悲劇として語り継がれています。

しかし、より視野を広げてみると、明治時代に中国の科挙制度を取り入れたことこそが、悲劇を生んだともいえます。

アメリカやイギリスには、学徒出陣はありませんでした。より正確にいえば、大学生は真っ先に戦場に行き、最も危険な任務を請け負ったのです。科挙は日本のエリートのあり方にも、大きな影響を与えています。

第三章　田中角栄なき中国農民の悲劇

『だれが中国を養うのか？』の錯覚

中国がアメリカをも凌《しの》ぐ大国になるためには、戸籍アパルトヘイト下、農民戸籍を持つ九億人にも及ぶ人々を豊かにしなければなりません。果たして、その方法はあるのでしょうか？　誰もが思いつくことは、農業の効率を上げることによって、農民の所得を向上させることでしょう。

しかし中国では、農業振興によって農民を豊かにすることなどできません。それは、中国の農民が絶望的な状況に直面していることを意味しています。

アメリカのＮＧＯであるワールドウォッチ研究所のレスター・ブラウン所長が、一九九五年、『だれが中国を養うのか？　迫りくる食糧危機の時代』という本を上梓《じょうし》しました。この本は世界中で評判になったのですが、特に日本で大きな話題になりました。私はワシントンでレスター・ブラウン所長と直にお会いしたことがありますが、英語版より日本語に翻訳されたもののほうが多く売れたそうです。

その本の要旨は、次のようなものです。

——経済成長が続く中国では、今後、豊かになるにつれて肉の消費量が増える。しかし中国には放牧に適した草原がないので、家畜に穀物《こくもつ》を与えて肉を生産することになる。ただ、牛肉を一キロ生産するには一〇キロもの穀物飼料が必要になる。しかし、中国の農地はそれほど広くない。穀物飼料の増産は難しい。その結果、中国は穀物を大量に輸入するようになる。それは世界の穀物市場を大きく混乱させる。

このストーリーは世界中で話題になりましたが、とりわけ日本で大きく取り上げられました。それは、日本が三〇〇〇万トンにも及ぶ穀物を輸入しているからです。中国が大量に輸入し始めると、日本が輸入できなくなるかもしれない……その恐怖感から大きな話題となったのです。

あれから二〇年以上の月日が経ちました。それでは、中国は穀物の大量輸入国になったのでしょうか。答えはノーです。中国は現在でも穀物を自給しています。

中国が穀物飼料を大量に輸入しなかった最大の理由は、中国人がアメリカ人ほど肉を食べなかったためです。

次ページの図表9に、一人当たりの食肉消費量の変遷を示します。アメリカ人は一年間に一〇〇キロ以上の肉を食べています。それに対して日本人の消費量は約四〇キロ。中国とベトナムでは消費量が急増していますが、それでも日本の水準を少し超えた付近で飽和しそうです。日本人は中国人やベトナム人より多くの水産物を食べるため、肉の消費量は少なめになっています。

図表9　一人当たりの食肉消費量

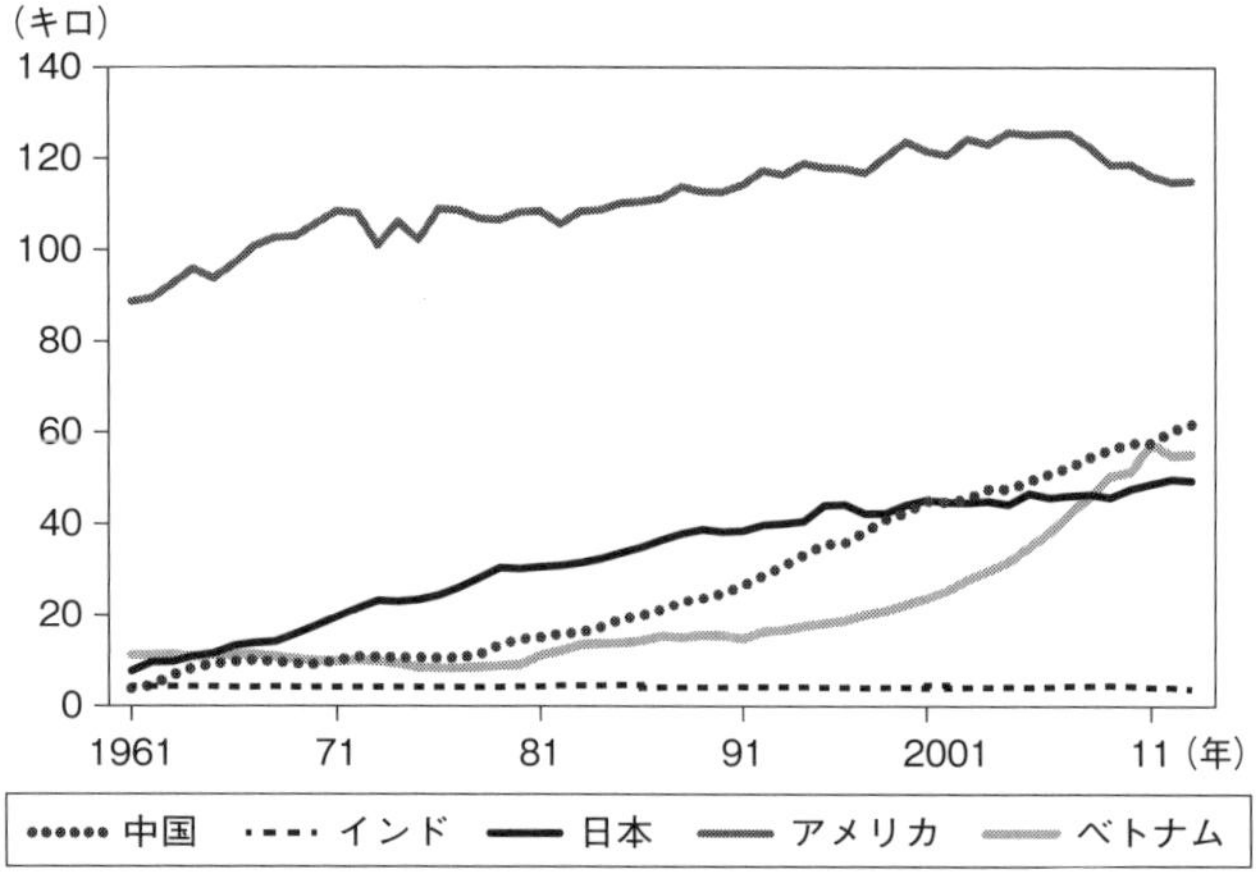

インドでの肉の消費量は極端に少ない。インド人は貧しいから肉を食べることができないのでしょうか？　一昔前までは、そうだったのかもしれません。しかし世界銀行の統計によると、二〇一六年の一人当たりGDPは一七〇九ドルで、ベトナムの二一八五ドルとほぼ同じ水準にあります。

経済成長に伴いベトナムの肉消費量は急増しましたが、インドでは増加していません。これは、インドに多いヒンズー教徒が肉を食べることを好まないからだと考えられます。経済が発展したからといって、世界のすべての人がアメリカ人のように肉をたくさん食べるようにはならないのです。

そして、中国人が好んだのは豚肉でした。牛肉一キロを生産するには一〇キロもの穀物が必要になりますが、豚肉は四キロで済みます。このことも、中国が穀物を自給することができた理由です。

朱鎔基首相で食料生産減少の背景

中国の穀物生産について見てみましょう（次ページの図表10）。この図を見ると分かるように、中国の穀物生産量は大きく伸びました。特にトウモロコシが大きく伸びています。レスター・ブラウン氏が『だれが中国を養うのか？』を発表した一九九五年の生産量は約一億トンでしたが、二〇一四年は二億一五〇〇万トンにもなっています。生産量が順調に増えたので、トウモロコシを輸入することがなかったのです。

二〇〇〇年前後には、その生産量が大きく落ち込んでいます。食料問題のプロなら、この図を見て不思議に思うことでしょう。それは、普通の国で生産量がこれだけ落ち込めば大問題になるからです。まさに飢饉《ききん》を意味します。しかし、その頃に中国で飢饉があったといった報道は聞いたことがありません。

実は中国のエネルギー消費量も、二〇〇〇年前後には、増えませんでした。経済は順調に成長していたために、ちょっと不思議な話だったのです。その頃、中国の研究者も巻き込んで、なぜ中国のエネルギー消費量が横ばいに転じたのかについて、学会で議論しました。

図表10　中国の穀物生産量

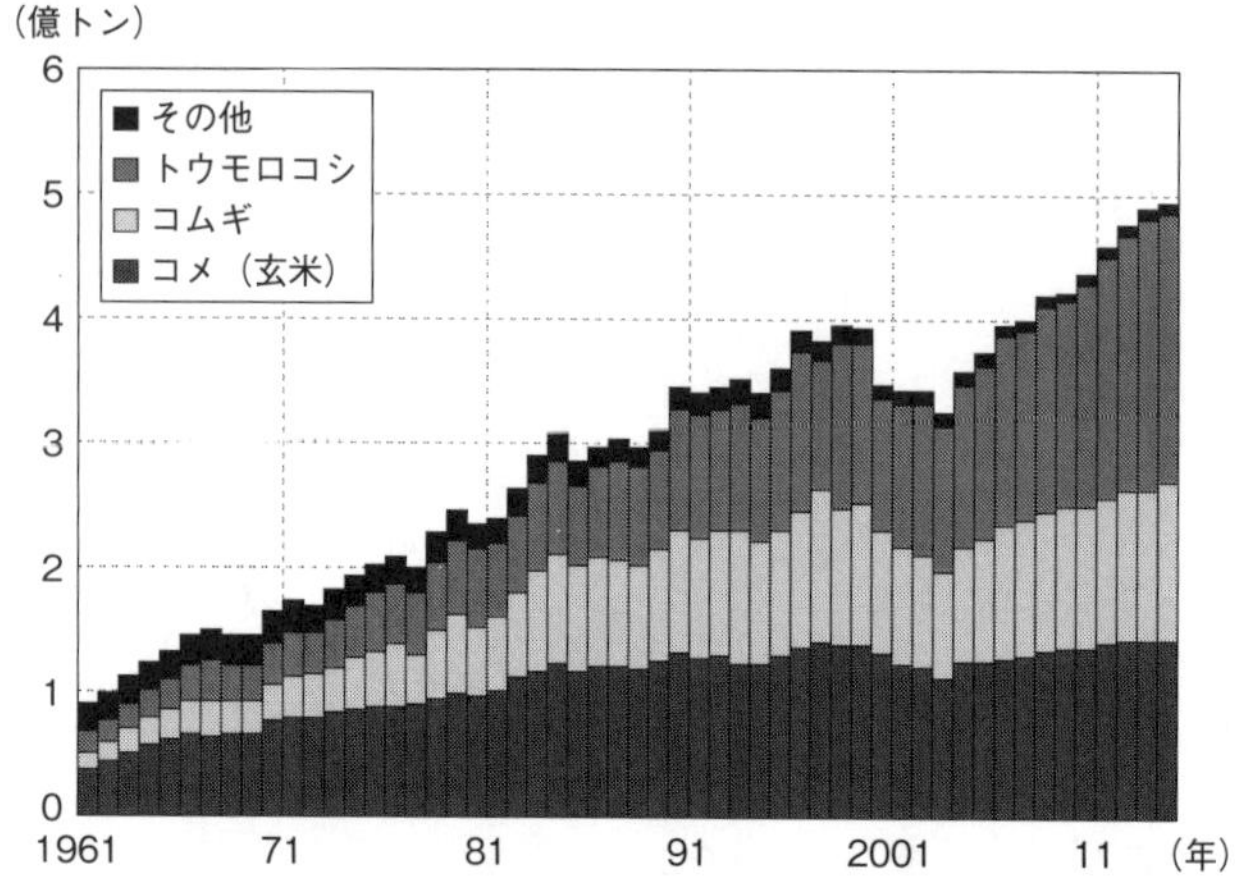

が、原因が分からなかったのです。

しかし現在の私には、その理由がハッキリと分かります。中国の研究者は認めたがらないでしょうが、答えは中国のデータがいい加減だということです。

一九九八年から二〇〇三年まで朱鎔基《しゅようき》が首相を務めました。朱鎔基は剛腕《ごうわん》で鳴らした政治家であり、親方「五星紅旗」気質に染まっていた国営企業の改革に尽力《じんりょく》しました。彼の改革があったからこそ、その後、中国は経済成長を遂げることができたのです。

彼にはこんなエピソードがあります。どの国でも改革を行おうとすると、守旧派すなわち抵抗勢力が大いに反対します。朱鎔基はその反対を強引に押し切りましたが、当然、社会に不満が渦巻きました。

そのとき朱鎔基は、「棺桶《かんおけ》を一〇〇個持ってこい。それに自分のためにもう一つ」……つまり、改革に反対する人々は容赦なく断罪するが、その結果、自分が暗殺されても構わないと言い切ったのです。なかなか強いでしょう。

本当のことかどうかは分かりませんが、彼は明を建国した朱元璋《しゅげんしょう》の子孫だそうです。いずれにしろ、カリスマでした。二〇一七年現在、いまだ存命なので、暗殺はされなかったということ。そして現在でも、引退した政治家のなかでは一目置かれる存在です。

改革を実行するに当たって、朱鎔基は、部下に正確なデータを報告するように求めたのです。その結果、正しいデータが報告されるようになり、それによって穀物の生産量が減少した……つまり、それまで多めに報告されていた、ということです。これはエネルギーについても同じことがいえると思います。

面白いことに、朱鎔基が退き温家宝《おんかほう》が首相になると、穀物生産量は急増します。温家宝は朱鎔基ほどのカリスマ性はなく、官僚組織が再び、自分たちに都合のよいデータを報告するようになったからでしょう。

収穫量で官僚が眠れなくなるわけ

中国のデータの信頼性がよく話題になります。首相の李克強でさえ、「電力消費、鉄道輸送量、金融機関の貸出額以外のデータは信用できない」といっているほどです。この三つは李克強指数と呼ばれています。

中国のデータが信用できないことについて、清華大学のある教授と話し合ったことがあります。その先生によると、中国政府もデータが信用できないことは重々知っているとのことでした。

「中国は市場主義経済を採用しているといっても、その根本に社会主義がある。そして共産党が、強く経済政策に関わっている。政府は共産党の指導の下で経済目標を設定している。現在も、一九七八年に社会主義市場経済に転じる前と同様、五ヵ年計画を策定している。そして、計画に基づいて開発を行っている。

その結果、下部組織は中央が命じた計画の達成が求められている。計画を達成した官僚はよい官僚……だから、どうしても水増ししたデータが報告される」

こんな話でした。

ある中国人から、以下のようなことを聞いたこともあります。それは農業に関連した話。上部組織にその地区の収穫量を報告する時期になると、担当官僚は、極度に緊張するのだそうです。まあ、平年作ならちょっと水増しして報告すればよいのですが、干魃《かんばつ》などで収穫量が大きく落ち込むと、それを正直に報告すべきかどうか、非常に悩むというのです。

本当のことを報告すると、干魃に対する備えが不十分であったとして叱責《しっせき》されるかもしれない。目標を達成できなかったために、左遷《させん》されることも考えられる……。

しかし、ウソのデータを報告すると、もし隣接する地区の担当者が干魃によって大被害を受けたと本当のことを報告していたら、ばれてたいへんなことになる。それは処罰の対象になる。左遷どころでは済まない。逮捕されるかもしれない。だから収穫量を報告する時期になると、担当者は、夜も眠れなくなるのだそうです。

そんなとき担当者は、隣の地区の担当者との宴会を企画します。もちろん公費で。隣の地区の担当者も同じ悩みを抱えているので、すぐにやってきます。そうして宴会で飲み食いしながら、どのようなデータを報告するつもりなのか、それとなく探りを入れるのです。

ただ、隣の地区の担当者は人事上のライバルであるケースが多く、率直に本当のことを話し合える関係ではありません。そのため、白酒《バイチュウ》に酔ったふりをしながら、それとなく聞き出す……。

官僚にとっては、上部に報告するデータがすべてです。それで出世が決まる。だから神経を使う宴会になります。そして、相手も同じようなことを考えているのです。

そんな宴会では、中堅官僚が最もきついといいます。若手や出世コースから外れた者は宴会に呼ばれませんから、宴会に出席するのは出世した証拠でもあるのですが、それは出世街道において最大の難所なのだそうです。

知人の中国人は日本の会社にも勤めたこともあるのですが、日本のほうがはるかに楽だといっていました。というのも、日本では、腹を割って話し合うという関係が構築しやすいのですが、中国でそれは不可能だというのです。

中国三〇〇〇年の歴史とは、官僚や宦官《かんがん》が讒言《ざんげん》によってライバルを蹴落《けお》とす歴史と言い換えてもよいくらいです。中国の官僚機構で出世するには、日本の一〇倍、いや事によると一〇〇倍のエネルギーが必要だといっていました。

そんな中国の四〇代の官僚は、お酒の飲み過ぎで体を壊す人が多いそうです。それは乾杯を強要されるからです。相手を酔わせて情報を聞き出すのは、情報戦の序の口。そこで中堅官僚は、先方が差し出す盃《さかずき》を上司に代わって飲み干します。部長クラスになれば自分のペースで飲めますが、そろそろ体に無理がきかなくなった四〇代の課長時代が最もつらい……そして、それでも体を壊さなかった「うわばみ」が、部長や局長になるのです。

中国のデータは、このようにして作られています。そのデータの信頼性が低いことは当然といえるでしょう。ただ、データを作っている現場の話を聞くと、それは悪意の結果というよりも、サラリーマン悲話のように聞こえます。

中国の官僚制の歴史と社会主義市場経済の組み合わせが、中国のデータを信頼できないものにしているのです。

食料が余るから農民は貧しい？

中国がある程度の経済成長を遂げたのに、なぜ農民は貧しいのでしょうか？　それは逆説的でありますが、改革開放路線に舵《かじ》を切ってから、食料の生産量が順調に増加したからなのです。

食料が不足すると、食料の価格は高騰《こうとう》します。第二次世界大戦の終戦前後の混乱を経験した年輩の方々は、食料の価格がとても高くなったことを覚えていることと思います。

当時、食料配給制度がありましたが、その配給は滞りがちで、それだけでは生きていけませんでした。人を裁く立場にある人間が闇の商品に手を出してはいけないと、配給だけで暮らしていた山口良忠《やまぐちよしただ》さんという裁判官が栄養失調で亡くなる、などといったことも起きたくらいです。

この闇市場では、食料は、とても高価でした。それでも人間は、食料がなければ生きていけませんから、買わざるを得ない。都市住民は闇市で食料を手に入れるとともに、農家にも買い出しに行きました。当時はインフレが進行していたため、貨幣への信頼感が低下していました。そのため、お金と一緒に着物などを渡し、食料を売ってもらったのです。

その頃、農村は豊かでした。もちろん、農民は腹いっぱい食べることができます。そして、食料を売ると多額のお金が入ってきました。都市住民が大事にしていた晴れ着などを手に入れることもできました。戦争末期から一九五〇年頃まで、農家は都市住民の憧れの存在だったのです。

そんな状況は一〇年ほどで大きく変わります。日本は一九五五年以降の昭和三〇年代に入ると、あれほど足りなかったコメが余る時代を迎えます。そうなると農家は、逆に、都市住民に比べて貧しくなっていきました。なぜなら、余っている物の価格は安いからです。安い物、すなわちコメを生産しても、豊かにはなれません。

このように、農業生産が順調に増加すると、農民は貧しくなってしまうのです。この現象は戦後の日本でも生じましたが、まったく同じことが、現在の中国でも進行しています。その結果、中国の沿岸部の都市が成長を遂げるなか、農民は、戸籍アパルトヘイトで身分を固定され、どんどん貧しくなってしまったのです。

農業研究で農民は豊かになるか

農業の効率をアップすれば農民は豊かになるはずだ——誰もがそのように考えます。そして、国は農業の効率をアップする研究にお金を投じます。三農問題（農業・農村・農民をいう）に悩む中国でも、農業の研究に多額の資金が投入されました。

しかし、それによって中国の農民が豊かになることはありませんでした。発展した現代の科学技術を投下して研究しても、農民を豊かにすることはできない。中国は、それができるかどうかを試す、実験場でもありました。

なぜ、農業を研究しても農民を豊かにすることができないのでしょうか？　農業の効率アップとは、増産を意味するからです。

近年、遺伝子改変技術を用いて、中国西部の乾燥地や塩害に見舞われた地域でも農作物を作る技術が研究されています。しかし、このような研究が実用化されると、農民はさらに貧しくなります。なぜなら、余っている食料を、さらに余らせることになるからです。

新たな土木技術を用いた農地の拡張も同様です。農地を拡張して、生産量が増えれば増えるほど、農産物は余ってしまいます。その結果、価格は低下します。研究者や技術者は、農民のためになると思って働いているのですが、それが却《かえ》って農民を苦しめている……。

世界中でこのようなことが起きるのは、二〇世紀の中頃になって、化学肥料が普及したためです。農業を始めて以来、人類は窒素《ちっそ》肥料の不足に悩んでいました。窒素肥料が足りないがために、食料を増産できなかったのです。

いろいろ研究して、品種改良も行いました。また、苦労して農地を開墾《かいこん》しました。それでも食料は不足気味でした。そのため、ちょっとした天候不良でも飢饉に襲われたのです。

長い人類の歴史は、すなわち飢餓《きが》との戦いでした。そんな時代、農業の研究は大いに必要だった……が、そのような状況は、二〇世紀になって空気中の窒素を工業的に固定して化学肥料を作る技術が開発されると、一変してしまいました。化学肥料を投入すると、単位面積当たりの収穫量が急増したからです。その結果、二〇世紀の中頃になると、あれほど人類を苦しめていた食料不足は、急速に解消に向かったのです。

中国もその例外ではありません。毛沢東が大躍進政策を行った一九六〇年頃は、政策の失敗で数千万人もの人々が餓死しましたが、その当時、中国では化学肥料はほとんど使われていませんでした。その結果、一ヘクタールの農地から収穫できる穀物は一トンほどでしかなかったのです。

しかしその後、化学肥料が普及すると、中国の収穫量は急速に増加しました。一二四ページの図表10に示した生産量の増加は、改革開放路線に転じて農民がやる気を出した結果でもありますが、化学肥料の普及による側面のほうが大きかったといえましょう。

現在、中国は、一ヘクタールの農地から五トン程度の穀物を収穫しています。農地面積を増やすことなく、収穫量を数倍にすることができたのです。その結果、レスター・ブラウン氏が指摘したような穀物輸入大国になることはありませんでした。

しかし、穀物をあまりにも簡単に増産できたがために、食料価格は低迷し、その結果として農民が貧しくなってしまった……中国の農村は、いま、万年豊作貧乏のような状態になっています。

不要な五・六億人が都市に行くと

中国の現状は、日本の何年ぐらい前の状況に似ているのでしょうか？　このことは、よく議論されます。いま深刻な不動産バブルが発生しているから、一九九〇年頃だ。いや、まだ一人当たりのGDPが八〇〇〇ドル程度だから、日本列島改造論に沸いた一九七〇年頃だろう。そんな会話が交《か》わされます。

しかしそれは、四億人の都市部を見たときの議論でしょう。国全体の状況を知るうえでは、都市と農村の人口比を見ることが有効です。中国の都市と農村の人口比を見ると、現状は、日本の一九五〇年頃に似ています。日本の人口の約半分が、未だ農村に住んでいた頃です。

アメリカやヨーロッパ諸国では、二〇〇年から三〇〇年前に産業革命が始まり、それによって都市が発展し、都市への人口集中が始まりました。現在、西欧では、人口の大部分は都市に住み、農村の人口は多くありません。その結果、一戸の農家が所有する農地面積が広くなり、規模の大きな農業が可能になりました。

しかしアジアでは、人口の都市集中は、第二次世界大戦以降に始まりました。日本では一九五〇年頃からです。一方、中国でその動きが顕在化したのは、改革開放路線が始まった一九七八年以降でした。

ですから、現在でも多くの人々が地方に住み、農業に従事しています。その数は六億人にも上ります。そのため、一戸の農家が有する農地面積が非常に狭くなっているのです。

現在、アメリカでは、一戸の農家が有する農地は一〇〇から二〇〇ヘクタール、ヨーロッパでも数十ヘクタールですが、日本では規模拡大が叫ばれながら、未だ北海道で一〇ヘクタール、本州では数ヘクタール程度です。

中国には、日本よりもはるかに多くの農民がいるので、農家が所有する農地面積は非常に少なくなっており、〇・五ヘクタールから一ヘクタール程度です。昨今は、中国政府もこの事実に気づいて、規模拡大に着手しています。

しかし、農業の規模拡大を行うためには、農民を都市に移住させなければなりません。規模拡大とは、すなわち、離農しなければならない農民をどこに就職させるかの問題でもあります。

いま中国では、都市部に住む農民工約三億人を除き、約六億人が農業に従事しています。

一家を四人とすると、約一・五億戸の農家が存在しますから、中国の農地が一億ヘクタールであることから計算すると、農家一戸の保有する面積は、〇・七ヘクタール程度になる。

ここで、一戸の農家が耕す面積を一〇ヘクタールにすることを考えましょう。中国の農地は一億ヘクタールですから、必要な農家の数は一〇〇〇万戸になります。一家を四人とすると、人口は四〇〇〇万人です。六億人いる農業従事者のうち、五・六億人を都市に移住させなければなりません。

現在、都市に住んでいる三億人の農民工の生活水準を上げることもできていないのに、それに加えて五・六億人もの農民が都市に来れば、都市はパニックを起こします。それは、中国共産党が最も怖れる事態です——。

中国における農業の規模拡大がいかに難しいか、理解できたのではないでしょうか。

日本と中国で違う公共事業の場所

日本でも、農家が都市に比べて貧しくなっていった昭和三〇年代、多くの人が農村を豊かにするために農業を振興しなければならないと考えていました。しかし農業を振興しても、農民が豊かになることはありませんでした。それどころか、生産性を上げれば上げるほど、豊作貧乏が加速し、農民は貧しくなってしまった……これは経済学でいう「合成の誤謬《ごびゅう》」

ですが、人々はその背景を理解できませんでした。

しかし、一人の天才がそれに気づきました。それが首相に登りつめた田中角栄《たなかかくえい》です。農業では豊かになれないことを、田中は直感的に見抜きました。彼は新潟の出身です。

「なぜ、新潟の人が東京に出稼ぎに行かねばならないのか。それは東京に工場があるからだ。それならば、出稼ぎに行かなくてもよいように、新潟に工場を持ってくればよい」

「東京と新潟の一体化を目指す必要がある。それには、東京と地方を結ぶ新幹線や高速道路網を整備することが必要だ」

――田中はそう考えたのです。これが「日本列島改造論」です。

しかし、一九七三年にオイルショックが起きたために、地方に工場を建てるという田中の夢が実現することはありませんでした。それでも日本列島改造論は、予期せぬ効果を地方に及ぼしたのです。

まず、新幹線や高速道路を建設するため、東京から地方へお金が流れるようになった。その地方で建設業に従事したのは、農民でした。それまで農民は東京に出稼ぎに行っていたのですが、地方で公共事業が行われるようになると、地元で働くことができたのです。

こうして田中が率いた政治家グループ、田中派は、地方に公共事業を持っていくことが仕事になりました。公共事業によって地方を豊かにしようとしたのです。

しかし、中国の状況はまったく異なっています。最近でこそ、中国も地方で公共事業を始めましたが、その発展の途上では、公共事業は北京など沿岸部の大都市に集中していました。その工事をするために、地方から農民が移り住んだのです。

田中は新潟の出身であり、貧しい農民を見て育ったこともあり、家族と離れて働く出稼ぎの人々に同情した……それが日本列島改造論につながりました。

そして、日本列島改造論を人々が支持したのは、多くの日本人が地方の経済状況や出稼ぎ労働者の状況に同情したからです。しかし、戸籍アパルトヘイトを是認《ぜにん》し、心のなかで農民を馬鹿にしている中国では、農民に対する同情は、大きな動きになりませんでした。

中国人のものの考え方のなかからは、田中角栄のような政治家が出現することはありません。中国の政治は農民に冷たいのです。そうであれば、これからも中国の農民が豊かになることはないでしょう。

米価も農民工の賃金も上げぬ理由

一九六〇年代から一九八〇年代にかけて、日本では農民の所得を向上させるため、米価を都市住民の所得の上昇に合わせて上昇させせました。その結果、気が付くと、日本のコメの値段は、世界標準の一〇倍近くも高くなってしまっていたのです。

農民を助けるため、日本は、市場経済を国是《こくぜ》とする国でありながら、政府がコメの価格を決めていたのです。それによって、農民が少しでも多くの所得を得られるようにした……その結果、二一世紀になった現在でも、都市の住人は国際価格に比べて非常に高いコメを食べなければならないのです。

一方、中国は社会主義の国、つまり全国民の収入を均一にする国是を持ちながら、コメの価格を都市労働者の所得アップに合わせて上昇させる、などということはしませんでした。また、農民工の所得を引き上げる努力も不十分です。なぜなら、都市戸籍を有する者にとって、農民工の労働力は欠かせないものになってしまったからです。農民工は工場で働くだけではありません。都市ではゴミ収集など、人がいやがる仕事に就いています。また、レストランや小売店の従業員も、その多くは農村の出身です。

政府は最低賃金を決めることができますが、もし最低賃金を上げると、料理の価格も上げなければなりません。それでは、都市戸籍を持つ人々が困ります。戸籍アパルトヘイト国家の冷厳《れいげん》な真実です。

アメリカには、メキシコなどからの不法移民が存在します。彼らの存在は、二〇一六年に行われた大統領選挙で大きな争点になりましたが、アメリカの不法移民は一一〇〇万人程度です。人口が三億人を超えるアメリカで一一〇〇万人……決して少ない数字ではありませんが、それでも一一〇〇万人でしかありません。しかし不法移民は、アメリカ経済にとって、欠かせない労働力になっています。

一方、中国の都市住民は四億人。そこに三億人の農民工がいるのです。そして、彼らは中国人です。メキシコからの不法移民は英語が話せない人も多いのですが、中国の農民工は中国語を話します。このように中国語を話すのに、農民工は、都市戸籍を有する者が豊かな暮らしを送るためだけに存在します。

共産党が都市住民だけ恐れるわけ

これから述べることは、農民戸籍のこれからを考えるうえで、最も重要な視点です。

革命や大きな変革は、都市に住む学生やインテリが起爆剤になります。共産党は、自らが革命によって政権を手に入れたので、このような事情をよく理解しています。

現在、都市戸籍を持つ四億人は、中国社会の中核を形成しています。彼らは中産階級をも形成しており、そのなかにはインテリも多く含まれます。そして、共産党の最大の支持基盤こそ、こうした都市戸籍を持つ人々。都市の多数派たる中産階級の支持がある限り、共産党政権は、永遠に不滅なのです。

そのため共産党は、中産階級の支持を失うことを非常に恐れています。逆に、農民の支持など重視していません。中国には農協のような農民の全国組織は存在せず、農民が分断されているからです。

農民は田舎に住んでいます。だから農民が反乱を起こしても、武装警官などによって鎮圧《ちんあつ》することができます。一方、都市の中産階級には、情報発信能力があります。また、彼らが都市でデモを行えば、それは直ちに海外のメディアの目に留まります。だからこそ共産党は、都市の中産階級が不満を持つことを、最も恐れているのです。

その結果、共産党は、都市の中産階級の意向に沿った政策だけを採り続けています。都市住民は食料の消費者。コメの価格を日本のように無理に釣り上げれば、彼らは不満に思います。だから、コメの価格を上げないのです。

そして、農民工の最低賃金についても、その上昇を抑えています。農民工の賃金を上げれば、都市部のサービス価格が上昇するからです。

また、工場労働者の給料が上がり国際競争力が落ちれば、工場で働く労働者だけでなく、北京や上海の本社ビルで働くホワイトカラーが困る。だからこそ、農民工の最低賃金を上げないのです。

農民の生活状況の改善は後回し。都市住民のことを真っ先に考える。これが共産党の基本方針です。

このような状況にあるため、今後、時間が経過しても、中国の農民が急速に豊かになることはないでしょう。これからも農民戸籍を有する九億人は、中国社会の底辺で生きていくことになります。

農民の犠牲で達成した経済成長

一九七六年に毛沢東が死んだことにより、名実ともに文化大革命は終わりました。毛沢東に託された華国鋒《かこくほう》が後を継ぎますが、彼は実力不足でした。カリスマに指名されたというだけで、巨大な中国で政権を維持することなどできません。彼はたった二年で実権を失います。

そして、改革派の雄である鄧小平《とうしょうへい》が登場します。一九七八年のことでした。この一九七八年を、中国では改革元年としており、多くの統計データはこの年から始まります。

鄧小平が真っ先に取り組んだのは食料の増産でした。文化大革命のもとでは、農民は人民公社に所属し、社会主義的な農業を行っていました。みなで耕作を行い、収穫物は均等に分ける……一生懸命に働いた人も、さぼっていた人も、同量の生産物を受け取るのです。

このように、確かに格差を作らないという点では、人民公社にも利点はありました。が、これでは多くの農民のやる気を引き出すことはできません。

そして、科学的農業も遅れていた。文化大革命の最中は、科学よりも人民に奉仕する心のほうが重視されていました。当然、化学肥料が多用されることはありませんでした。

そのため文化大革命中、食料は、慢性的に不足していました。その時代を覚えている中国人に聞くと、子どもの頃は、茹《ゆ》でたイモやトウモロコシをよく食べたといいます。空腹で困るようなことはなかったけれど、よい思い出ではない。子どもの頃に一生分、イモやトウモロコシを食べたから、もう食べるのはいやだ、などという人もいます。

そして鄧小平が実権を握ると、真っ先に、農業の改革に手を付けました。そこで導入された制度が生産請負制《うけおいせい》——これは、農民が国から請け負った一定量の食料を国に供出するなら、残りは農民が自由に生産し、自由に販売してよい、というシステムです。

この改革によって、農民が俄然《がぜん》やる気を出すようになりました。また、化学肥料も使われるようになりました。

改革開放路線に舵《かじ》を切ると、都市部で、工業や商業が発達し始めました。こうして都市住民の所得が上昇し始めたのです。少し生活が楽になった人々は、いままであまり食べていなかった食材を求めるようになりました。最初に欲しがったのは野菜と果物です。

すると、都市周辺の農家が、その需要に応えました。文革の最中は、あまり作っていなかった野菜や果物を作り始めたのです。新鮮な野菜や果物を手にした都市住民は、改革開放路線の恩恵を実感することになりました。

そして、それを一番喜んだのは、都市周辺に住む農民でした。野菜や果物が飛ぶように売れたために、大金を手にすることができたのです。

一九八〇年代初頭、中国では「万元戸《まんげんこ》」という言葉が流行語になりました。これは年収が一万元以上の農家をいいます。現在なら一万元は富裕層にとって一晩の宴会の費用にも足りないでしょうが、当時は見たこともない大金だったのです。

このことは、経済発展と農業の関わりを、よく表しています。農民は経済が発展し始めた初期に、最も恩恵を受けるのです。特に、野菜や果物を作る都市周辺の農民です。

しかし、農民が幸せな時代は長く続きませんでした。人が食べる野菜や果物の量には限りがあります。改革開放路線に舵を切って一〇年もすると、ほとんどの人は、十分な量の野菜や果物を食べることができるようになりました。その結果、それ以上に需要が伸びることがなくなってしまいました。

工業製品は、その性能アップが可能です。五〇年前の自動車と今日の自動車は、まったく異なります。進歩しているのです。

しかし、五〇年前のコメと現在のコメの味は、どの程度異なるのでしょうか？　農産物の品質向上には、厳然たる限界があるのです。

英語には、「空腹が最良のソースだ」という諺《ことわざ》があります。「六〇年前に集団就職で東京に出てきて、そのとき初めてもらった給料で友人と食べたハンバーグの味が忘れられない」——そんな話もよく聞きます。つまり、農産物や料理の味は、それほど変わらないものなのです。よって、品質を向上させても、それに比例するように価格を釣り上げることはできません。

鄧小平の「南巡講話」で中国は

鄧小平が改革開放路線に舵を切って一〇年が経過したとき、大事件が起きます。天安門事件です——。

経済改革が進み、暮らしが少しずつよくなるなかで、都市に住む人々は、より一層の自由を求めるようになりました。政治的な自由を求めたのです。こうして多くの若者が天安門広場に集まり、政治的な自由を要求しました。

しかし、共産党がそれを認めることはありませんでした。戦車まで繰り出して鎮圧《ちんあつ》したのです。ただ、その是非《ぜひ》を論じることは本書の目的ではありません。

そのとき中国共産党は、民主化よりも、独裁を選びました。鄧小平は、民主化に好意的だった趙紫陽《ちょうしよう》に代えて、江沢民を共産党のトップ（総書記）に据えました。そして、江沢民に共産党独裁下で経済を発展させるよう命じました。一九八九年のことです。

しかし江沢民は、どのようにしたら経済を発展させることができるのか、それが分かりませんでした。そして多くの人が、中国は改革開放以前の体制に戻るのではないかと考えたのです。天安門事件によって民主化が否定されてしまったので、進む道が分からなくなってしまったということです。

多くの人が疑心暗鬼に駆られました。そして、凡庸《ぼんよう》な江沢民は、具体的な政策の方向性を指し示すことができませんでした。

すると鄧小平は苛立《いらだ》ちます。このまま経済が低迷してしまえば、天安門事件を武力で鎮圧した自分たちの責任が問われる、と思ったからです。

こうして鄧小平は、一九九二年の春節（中国の旧正月）、南部の視察に出かけます。そして深圳《しんせん》を訪問し、重要な宣言を行います。それは「南巡講話」と呼ばれています。

鄧小平は、この南巡講話で、これからも改革開放路線を押し進めること、政治は共産党の独裁を貫くが、経済については一層の市場化を行うこと、を宣言したのです。

土地開発公社の使命は土地の奪取

後述するように、農地を利用したマジックによって、中国は、経済成長を遂げることができました。そしてこの発展には、農地の転用が深く関わっています。細部まで鄧小平が制度設計したかどうかは分かりませんが、共産党独裁と市場経済を組み合わせることによって、中国の成長が可能になったのです。

もう少し、詳しく説明しましょう。日本でも、サラリーマンが、家やマンションを手に入れるのはたいへんです。頭金を用意するのもたいへんですが、その後、長期ローンを払い続けなければなりません。

家やマンションを手に入れることは、男子一生の仕事といってよいかもしれません（もちろん女性がローンを組んで家やマンションを買うこともあるでしょうが）。ただ、どの国でも、家を手に入れることはたいへんです。それは、特に都市部において顕著。家そのものも高価ですが、土地が高いからです。

土地価格は高い。しかし、どこの土地も高いわけではありません。都市の中心部に近い便利な土地が高いのです。

鄧小平の南巡講話のあと、最初に行われたのは、上海の浦東《ほとう》地区の開発でした。浦東は上海の海寄りに広がる地区で、当時は農地が広がっていました。浦東開発は、その後の中国の経済発展のモデルになりました。

ちなみに江沢民は、上海市長や上海市党委書記などを務めました。だからこそ鄧小平は、

写真８　土地開発公社が農民の農地使用権の譲渡を迫る

彼を天安門事件のあとに総書記に抜擢し、上海の開発に向かわせたのだと思います。

そうして上海市政府は、土地開発公社を作りました。この土地開発公社の任務は、農民から農地を取得することです。土地開発公社は、それを独占的に行いました。そして取得した農地を整地し、土地を使用する会社や事業体に売却するのです。

ここにマジックが隠されています。マジックが可能になるのは、中国の農民が農地を所有していないためです。社会主義国である中国では、土地は公有制になっています。実際には、省の下のレベルの自治体である県などが所有しています。

一方、農地の管理は村が行っています。村には共産党の支部である村民委員会があり、そこが管理しているのです。そして農民は、村から土地を借り受けて、耕作を行っている。農民戸籍を持っている人は、村から農地を借りる権利を持っているのです。

ある村に開発計画が持ち上がるとしましょう。すると土地開発公社の担当者は、農民のところに行って、農地の使用権を譲渡するように交渉します。ここで、農民が農地の使用権しか持っていないところがミソ。所有権はないのです。

その結果、過去五年間の農業収入に見合う程度の金額を補償金としてもらい、離農することになります。農家の農業収入は日本円で年間一〇万円程度ですから、補償金は約五〇万円になります。

こうして農地の使用権を五〇万円程度で売り渡した農民は、都市に流れていきます。もちろん、その生活は楽ではありません。五〇万円程度をもらっても、住宅を買うことはできません。賃貸住宅に住みます。そして、農業しかやってきませんでしたから、都市に行っても技能を要する職業には就けません。肉体労働に従事して最低賃金付近の給料をもらい、日々を食いつなぐことになります。

薄熙来は四年で四八〇〇億円蓄財

この境遇を日本と比べてみましょう。日本では、農地は農民が所有しています。そのため農地を売ると、大金を手にすることができます。その結果、農民の多くが、駅前ビルのオーナーになったり、賃貸マンションや駐車場の経営者になる。そうして農民から富裕層に転じるのです。この点が、中国の農民とは、まったく異なります。

上海の浦東新区の広さは一二万一〇四一ヘクタール。そこに二六八・六万人が住んでおり、人口密度は一ヘクタール当たり二二人です。都市の人口密度は、通常、一ヘクタール当たり一〇〇人から二〇〇人程度ですから、それに比べれば、高くはありません。

これは、浦東新区が海沿いにあり、上海新国際空港や工場などがあるためです。ただ、上海を代表する風景としてビルが林立する金融街がありますが、これも浦東新区にあります。浦東新区は上海の新市街地なのです。

ここで土地開発公社は、すべての農地を一ヘクタール当たり一〇〇万円で手に入れたとしましょう。すると、土地を手に入れるために要した資金は、以下のようになります。

■一二万一〇四一ヘクタール×一〇〇万円／ヘクタール＝一二一〇億円

次に、手に入れた農地を整地する必要がありますが、一ヘクタールの土地にかかる費用を一〇〇〇万円としても、その額は一・二兆円程度です。

一方、土地を売ると、どうなるでしょう？　中国では土地を売ることはできないのですが、使用権は販売できます。使用権は、宅地なら七〇年、工業用地なら五〇年と決められているのです。

そして現在、その使用権の価格は、日本の土地の価格と変わらないどころか、日本よりも高くなっています。浦東新区の開発が始まってから二〇年以上が経過しています。最初の頃は、それほど高くはなかったでしょうが、現在は一平方メートルの価格は、低く見積もっても二万元程度はするでしょう。つまり一平方メートル当たり、約三二万円です。

もし、すべての土地を一平方メートル当たり三二万円で売ったとすると、その代金は約三八〇兆円——これは現在の価格を想定したものですが、工業用地などは土地開発公社が所有し、一年契約で貸し出しているケースも多く、その場合、土地の価格が上がれば賃貸料もアップします。その結果、毎年、多額の使用料が土地開発公社に転がり込むことになります。

この金額に比べれば、農民に支払った補償金や土地の整地代などは、誤差のようなものでしょう。

土地開発公社は、この事業を独占的に行うことができるのです。そこからは、天文学的な利益が生まれます。

土地開発公社が得た資金は、鉄道、道路、橋など、インフラの整備に使われました。そして、鉄道や橋や道路などインフラが整備されると、いままでは市の中心部から離れていて誰も見向きもしなかった農村が、新たな住宅地として注目を集めるようになります。その際の土地収用も、土地開発公社が独占的に行います。

つまり開発を行えば行うほど、雪だるま式に、お金が転がり込んでくることになります。

土地開発公社をコントロールしているのは地方政府です。地方政府は、その資金の一部を工場建設にも使いました。日本の企業のみなさんと話していると、「われわれが新たな工場を建設するための資金集めに苦労しているとき、中国企業は何倍もの資金を、いとも簡単に集めてしまう」などという話を聞きます。その資金の多くは、このようにして、土地を媒介《ばいかい》にして作られたものなのです。

その結果、それほど高度な技術を必要としない工業製品については、中国企業が世界の市場を席巻《せっけん》することになってしまいました。この土地収用のシステムは、日本企業が中国企業に負けた原因の一つになっています。

これは、汚職の元凶《げんきょう》にもなっています。土地開発公社は、市政府の監督の下にあります。そして、そこを仕切っているのは、市の共産党書記と呼ばれる人。彼の権限がどれほど大きいかは分かると思います。

たとえば薄熙来のケース。彼は重慶市の書記を四年ほど務めただけで、四八〇〇億円もの資金を不正蓄財しました。この薄熙来事件は、氷山の一角でしょう。どの地方政府でも、土地開発に伴って、極めて大きなお金が流れています。地方の共産党書記は、それを独占的に管理できるのです。そしてもちろん、情報は非公開……。

そんな状況下で汚職を行わないのは、お釈迦様《しゃかさま》か聖人君子だけでしょう。そして、われわれが生きる現実の世の中には、お釈迦様や聖人君子は存在しないのです。

村のボスが共産党末端組織の長に

土地開発公社は、農民から独占的に農地の使用権を買い上げます。その際には、有無をいわせません。そこが独裁政権の強みです。

日本では、成田空港用に農地を買い上げる作業は、困難を極めました。反対する農民が多く、支援する人々がデモを繰り返したため、多くの逮捕者が出るとともに、血も流れました。こうして土地収用には、長い年月を要しました。

しかし、中国ではそんなことはありません。農民が少しでも逆らったら、即逮捕です。デモを行えば武装警察を派遣して鎮圧。実際には、中国の農民も、抗議行動を行っています。最近はあまり聞かなくなりましたが、数年前までは、中国の農村部で暴動が起きたというニュースをよく聞いたものです。

その多くは、土地収用に関連した暴動でした。しかし、その構造は、成田紛争とは異なっています。農民は土地収用そのものには反対していないのです。多くのケースでは、中国共産党にも従順です。それでは、なぜ暴動が起こるのでしょうか？

それは、土地開発公社からまとめて受け取ったお金を、村の幹部が公平に配ることなく、その多くを着服してしまうからです。

このあたりのことは、現代中国を理解するうえで、とても重要です。中国は、共産党がそのすべてを支配する社会だと考えられていますが、未だに農村は、暴力団さながらのボスが支配する世界なのです。広い中国では、法の支配が地方の末端まで行き届かない。現在でも、地方にはウラの番長ともいうべき人が存在します。

そこで土地開発公社は、農民の取りまとめを、村のボスに依頼します。村のボスが共産党の末端組織である村民委員会の書記を兼ねているケースも多いのです。すると多くの場合、村の悪徳書記は、土地開発公社からもらったお金を公平に村人に配ることなく、自分や親戚の財布にガッポリ入れてしまうのです。

それに気が付いた村民が悪徳書記を告発しますが、悪徳書記は上部組織である県の共産党幹部と組んでおり、逆に告発した農民を逮捕してしまうことすらあります。そんなとき、村民が一丸となって暴動を起こすのです。

まあ、日本の時代劇を見ているようなものです。悪い庄屋《しょうや》が、村人がもらうはずだった補償金を懐《ふところ》に入れてしまい、それを村人が告発すると、庄屋と組んだ代官が、逆に村人の代表を捕まえてしまう、そんなストーリーです。

日本のテレビドラマでは、「水戸黄門《みとこうもん》」や「暴れん坊将軍」が登場し、悪徳庄屋と悪代官を懲《こ》らしめて目出たし目出たしとなりますが、現在の中国では、なかなかそのようには行きません。

その結果が農民暴動です。ただ、度重なる暴動に危機感を抱いた共産党が、それなりに「水戸黄門」の役割を担うようになったのは事実です。それでもなお、この種の事件が完全になくなったわけではありません。

都市の四億が農民工三億を奴隷に

これまで何度も述べてきたように、中国は九億人の農民戸籍と四億人の都市戸籍を有する人によって構成される戸籍アパルトヘイト国家です。そして、このように国民が二分されていることが、中国が経済成長を遂げることができた要因になっています。

まず、農民に対する差別感情を背景に、「農民工」という新身分を作り上げました。この身分は、別に法律によって制定されたものではありません。自然発生的に生まれたものです。

「農民工」というと、工場で働いている人をイメージします。当初、農村から出てきた人の多くが工場で働いていたために「農民工」と呼ばれるようになったのでしょう。しかし現在、農村から出てきた人々は、工場だけでなく、都市に移り住んで、いろいろな分野で働いています。これが広義の「農民工」です。

たとえばホテルの従業員。英語を話す受付の人は都市戸籍所有者ですが、ベッドメーキングをしたり廊下を掃除したりする人々の多くは農村出身です。また、レストランでも料理を運んでくる女性の多くは農村出身です。

中国の企業は、すべてブラック企業です。それは、都市に出てきた農民を劣悪な条件下において、低賃金でこき使っているからです。たとえばホテルでも、受付にいる都市戸籍の所有者と、ベッドメーキングをする人の賃金は、大きく異なっています。国民が都市戸籍と農民戸籍に二分され、アパルトヘイト状態にあるため、このようなことが可能なのです。

そう、都市戸籍を持つ四億人が、都市に出てきた農民戸籍の三億人を、現代の奴隷《どれい》として、低賃金でこき使っている。それでも身分が異なるため、何の問題も起きない……。

農民から見たとき、中国の企業は、すべてがブラック企業です。中国ではブラック企業の存在が社会的に許される……これは、中国が経済成長を遂げることができた最大の要因です。

日本の格差の原因は中国の農民工

「ALWAYS三丁目の夕日」という映画があります。原作は漫画「三丁目の夕日」ですが、映画には青森から集団就職で東京に出てきた堀北真希《ほりきたまき》が演じる「六子《むつこ》」が登場します。この「六子」は雇用先である自動車修理工場において、いつしか家族同然の扱いを受けるようになります。

この映画は大ヒットしましたが、「六子」が家族同然の扱いを受けるようになったことに対し、「不自然な演出だ」などという非難の声が出ることはありませんでした。この映画のストーリーは、日本人にとっては違和感のないものでした。

日本では、出稼ぎで農村から都市に出てきた人々も、いつしか都市の住民になっていきました。そこに戸籍による区別も、あるいは歴史や文化に基づく差別もありません。何より「六子」は、都市で生まれた人々と同水準の給料をもらっていたのです。よって経済が発展するにつれ、「六子」の収入も上がっていきました。

その結果、日本は昭和の時代に「一億総中流」と呼ばれる社会を作り出すことに成功します。平成に入った頃から格差が問題になり、その原因についていろいろと議論されていますが、これまでの議論には重要な論点が抜け落ちていると思っていました。中国における「農民工」のような立場の人たちの存在です。

中国では、都市の住人にとって「農民工」は、自分たちとは異なる人々。よって、経済が発展したからといって、給与面で報いることはありません。儲けは都市住民が独り占めしたといっても過言ではないでしょう。

「農民工」を低賃金でこき使っても心が痛まない経営者は、グローバル経済の勝利者でした。どんな国に住んでいても、従業員の給与や福祉を無視して経営を行うことができるのであれば、誰もが一流の経営者になれることでしょう。

中国では、会社が成長する過程で賃金が上昇したのは、ホワイトカラーである都市住民だけだった……ブルーカラーである「農民工」の賃金がホワイトカラーのように上昇することはありませんでした。

グローバル化が進展するなかで、日本企業は、中国企業と戦わざるを得なくなりました。その影響を真っ先に受けたのは製造業です。まず日本の製造業では、業績が悪くなると工場労働者を正規職員から非正規の期間工にします。すると、同じ作業をしても、非正規職員の給与は少なくて済みます。そう、中国企業に対抗するため、日本企業も「農民工」を作ったのです。

このことは、二〇〇八年、秋葉原で通り魔事件が起きたときに、犯人が自動車工場の期間工だったことから大きな話題となりました。犯人の出身地は青森でしたが、平成の時代の労働環境は、同じ自動車産業でも、映画の「六子」とは大きく違っていました。それは「六子」の時代には、中国企業がライバルではなかったからです。

二一世紀に入り、日本企業は、日本人とはまったく異なったメンタリティを持つ中国企業と競争しなければならなくなりました。そして、秋葉原通り魔事件の犯人は、中国の「農民工」のような境遇に耐えられなかったのでしょう。それが狂気を産み出してしまったようです。

その後、日本は、期間工などの就業条件を改善する方向に動き出します。平等と優しさを貴ぶ日本社会は、秋葉原で通り魔事件を産み出したような格差を許すことができないのです。

「日本は格差社会であり、その改善努力は不十分だ」――そのような指摘があることは、もちろん十分に理解しているつもりです。しかし、それでも中国の農村を見てきた者としては、日本の格差社会など、甘っちょろいものに見えてしまいます。

まだ不十分だとの批判はあるでしょうが、日本は格差社会の解消に大いに努力しています。しかし、そのような動きを強めれば強めるほど、競争力を失って行きます……。

二〇一〇年代に入って、三洋電機、シャープ、パナソニック、東芝と、日本を代表する製造業が相次いで危機に陥りましたが、危機に陥った最大の原因は、中国の「農民工」にあるといっても過言ではないでしょう。

その中国では、サービス産業もブラック企業です。先ほど述べたように、ホテルだけでなく飲食店なども、すべて農村から出てきた人々を低賃金でこき使っている。その結果として、サービスを安い料金で提供できます。そして経営者は、大きな利潤を得ることができる。もちろん急成長も可能です。

隣を見て羨《うらや》ましくなったのか、それを真似する日本の経営者が現れました。しかし中国と日本は違います。中国では農民戸籍の人々を差別的に扱っても、それはブラック企業ではなく、普通の企業です。が、日本で経営者が中国方式を真似たなら、即、ブラック企業になってしまいます。

日本では、仮に事業に成功しても、ブラック企業だとレッテルを貼られれば、経営者は社会から抹殺されてしまいます。ところが中国では、ブラック企業でも成功すれば英雄です。

外資撤退で賃金上昇も頭打ちに

中国社会では、これまで「農民工」を低賃金でこき使ってきましたが、それでも最近は

「農民工」の給与が上昇しています。一〇年ほど前までは月額六〇〇元程度（約一万円）でしたが、現在は三〇〇〇元程度（約五万円）になっています。しかし、ボーナスは年間で給与の一ヵ月分程度なので、現在の水準でも、日本の労働者より遥かに低賃金です。

「農民工」の賃金の上昇は、社会の安定を目的にして、共産党主導で行われています。ただ、共産党は真に「農民工」の立場に立って、賃金の上昇を図ったわけではありません。

まず、彼らの不満を和《やわ》らげて、暴動などの芽を摘む必要があります。そして、もっと重要なことは、「農民工」の賃金を引き上げることによって、内需の振興を図ったのです。これが賃金改善の真の目的です。

しかし、沿岸部の「農民工」の賃金が三〇〇〇元になると、それまで中国に進出していた外国企業がコスト上昇を嫌い、中国以外に工場を移転させるようになりました。これが、いわゆる「Ｃｈｉｎａ《チャイナ》＋１《プラスワン》」です。

輸出が経済成長の生命線であった中国経済には大打撃でした。そのため、二〇一五年頃から「農民工」の賃金を上げることをためらうようになりました。こうして現在、中国の「農民工」の賃金上昇は、緩やかになってしまいました。

もう一つ指摘しておきたいことは、中国共産党が「農民工」の給与を上げるように指導するまで、都市住民が「農民工」の賃金を上げてやろうとは思わなかった事実です。

これは、「六子」を雇っていた自動車修理工場の社長とは異なるメンタリティ。社長は「六子」をわが子同然に思い、その処遇にも配慮しています。このようなところからも、中国では、都市戸籍を持つ人たちが農民を「別人種」と考えていることが分かります。まさに戸籍アパルトヘイト国家ではありませんか。

次の天安門事件が起こらない理由

中国をバッシングする本には、よく共産党の圧政に耐え切れなくなった人々が、ついに立ち上がって暴動を起こし、それが原因になって共産党政権が滅びる、というようなことが書かれています。第二の天安門事件の勃発《ぼっぱつ》です。しかし、私はそのようなことは起こらないと考えています。

天安門事件は一九八九年に起きましたが、その頃は「農民工」という言葉すらありませんでした。「農民工」が一般化したのは一九九二年の南巡講話以降です。

一九七八年に始まった改革開放政策において、最初に豊かになったのは、先ほども述べたように、都市周辺の農民でした。万元戸が出現したのです。

その一方で、「郷鎮《ごうちん》企業」なるものも作られました。これは、農村や小さな都市にできた家内工業的な小工場を指します。発展の初期段階では、そのような企業が、中国の経済発展の主役でした。

その頃は都市住民も貧しい生活をしており、農工間に大きな格差もありませんでした。そんな成長が一〇年ほど続いたあとに、人々は、経済面だけではなく政治面でも自由を求めたのです。それが天安門事件へと発展しました。

天安門事件の主役は学生と都市に住むインテリでした。彼らが政治的自由を求めてデモを行った……しかし共産党は、それを戦車で弾圧しました。

革命運動の主役はいつも、学生と都市に住むインテリです。これは、どの国でも同じでしょう。中国もその例外ではありませんでした。

一方、農民が暴動を起こすのは、飢饉《ききん》などによって、生きていくことが困難になったときだけです。政治的な自由を求めるなどといった理由で暴動を起こすことはありません。

天安門事件が起きた頃の大学生は貧しかった。それは、日本の一九六〇年の安保闘争のときのような状況です。多くの若者は、理想を求めて戦ったのです。

しかし、その戦いは戦車によって打《う》ち砕《くだ》かれてしまいました。多くの人が亡くなり、また多くの人が当局に捕まりました。海外に逃走した人も大勢います。

天安門事件に参加した大勢の学生は、この敗北感を胸に秘め、その後の人生を生きていくことになりました。それは暗いものになる――誰もがそう考えていました。が、実際に彼らが遭遇したのは、中国の経済成長だったのです。

当時、大学生の数は少なく、エリートでした。経済成長のなかでは、彼らの知識や能力が強く求められました。それから約三〇年の歳月が流れましたが、懸命に働いた彼らは、いま社会のなかでそれなりの地位を占めています。そう、みな豊かになったのです。

天安門事件を起こした人々は、現在、五〇歳から六〇歳になっています。分別ある世代といえましょう。そして、インテリである彼らは、「農民工」を奴隷のようにしてこき使う社会があったからこそ、自分たちが豊かになることができたという事実を、十分に認識しています。

いま中国が共産党独裁をやめて、民主主義を導入したら、一体どうなるのでしょうか？

その答えは既にあります——タイです。

タイでは、一九九二年、学生のデモ隊と軍政とが衝突しましたが、二〇一六年に亡くなったプミポン国王の調停もあり、民主的な選挙によって政府が作られることになりました。

その結果、二〇〇一年には農村部を基盤としたタクシン政権が作られました。都市部に住む人々よりも農村部の人々の数が圧倒的に多いため、公平な選挙を行うと、どうしても農村部の支持を得た政党が勝利してしまうのです。

しかしそれは、都市に住む支配層にとっては悪夢でしかありません。その結果、民主主義が定着していたと思われていたタイにおいても、クーデターが発生しました。選挙をしても勝てないので、都市のエリートは、力によって政権を奪取したのです。

タイは二〇一七年現在、未だ軍政下にあります。そして、クーデターによる混乱を受けて、経済成長率は大きく鈍化しています。

タイ現代史が示すように、公平な選挙を行えば、中国でも九億人もいる農民戸籍者の利益を反映する政権が誕生することは明らかです。その政府が「農民工」の賃金を大きく上昇させれば、輸出企業が競争力を失います。そして食堂の従業員の給料も上がりますから、料理の値段も上がります。それは、都市に住むホワイトカラーにとって望むことではありません。

約三〇年前に天安門事件を起こした大学生たちは、いま中国の保守層を代表する存在になっています。そして現在、彼らの息子・娘である中国版の団塊ジュニアが、どんどん大学生になっています。

団塊ジュニアたちは、一人っ子政策のもと、甘やかされて育ちました。そして、その多くは、親の資力によって大学に通っています。親の資力がなければ現在の生活を維持できないということは、彼らは超保守的な人々だということです。そんな彼らが、新たな政治運動の原動力になることはあり得ません。

このような状況にあるため、都市のインテリや中産階級が、政治的な自由を求めて第二の天安門事件を引き起こすなど、夢のまた夢です。

鄧小平の「先富論」は誤りだった

ここまでお読みいただけば、中国の農民は絶対に豊かになれないことが、明快に分かったと思います。

そのため、農民が少しでも豊かになりたければ、都市に出ていくしかありません。ただ、これまで都市部に出稼ぎに行った三億人でさえ、本当の豊かさとはほど遠い状況に置かれています。

にもかかわらず、中国の工業部門は過剰生産設備を抱えるようになってしまいました。もはや工業によって経済を発展させることはできない。そうであれば、農村から都市に出ていっても、働き口すら見つからない時代がやってきます。

中国政府はサービス産業を発展させるといっていますが、それは都市に住み、ある程度の教育を受けた四億人に対しては可能でしょう。しかし、教育を受けるチャンスがなかった農民を巻き込んで、新たにサービス産業が主体となる社会を作ることなど、絶対に無理でしょう。

鄧小平のいった「先富論」、つまり豊かになれる者が先に豊かになり、その後、豊かになった者が貧しい者を助ける、とした理論は、ただのきれいごとだったのです。豊かになった者（都市戸籍所有者）は、豊かになれなかった者（農民戸籍所有者）を踏み台にして豊かになった。その踏み台を外すわけにはいきません。踏み台は、永遠に必要なのです。それを外せば、自分たちのほうも貧しくなってしまいます。

中国の農民は、絶望的な状況に置かれています。九億人にも及ぶ中国の農民戸籍所有者は、これからもずっと貧しくあり続けるのです。

コラム③ 中国が穀物の大量輸入国にならなかった理由

中国が穀物の大量輸入国になるとしたレスター・ブラウン氏の予測がはずれた最大の理由は、大豆が家畜の餌《えさ》に使用されるようになったためです。日本や中国では、大豆は食料です。枝豆としてビールのおつまみにしたり、節分《せつぶん》の豆まきに使ったりすることもあります。豆腐《とうふ》や納豆《なっとう》の原料にもなります。

しかし世界を見渡したとき、大豆を食べている国は、それほど多くありません。多くの国では、大豆は油を搾《しぼ》るためのものなのです。

油を搾ると絞り滓《かす》が生じますが、それは大豆ケークと呼ばれ、さらさらとした白い粉末です。ちなみに、大豆を蒸してから搾ると豆腐の原料になる豆乳が得られますが、その絞り滓は「おから」です。

この大豆ケークは、長いあいだ廃棄物と考えられていました。しかし近年になって、大豆ケークがよい家畜飼料になることが分かったのです。

大豆は畑の牛肉と呼ばれるほど、多くのタンパク質を含んでいます。そのため、油の絞り滓である大豆ケークも、タンパク質を大量に含んでいます。大豆ケークをトウモロコシに混ぜて与えると、家畜を効率よく太らせることができるのです。

このことが分かると、大豆は油を搾るためだけでなく、家畜の飼料としても用いられるようになりました。

中国人は豚肉が大好きですが、豚肉を作るためには、大量のトウモロコシが必要になります。ただ大豆ケークを混ぜると、必要なトウモロコシの量を、大幅に減じることができる。その結果、レスター・ブラウン氏が予測したほど、トウモロコシの需要は増えませんでした。これが、彼の予測がはずれた最大の原因です。

中国がトウモロコシの大量輸入国になるとする予測ははずれましたが、代わりに大豆を大量に輸入するようになりました。家畜飼料の輸入量が増えるという点において、彼の予測は当たっていたのです。

FAO（国連食糧農業機関）によると、中国は二〇一三年に六三四〇万トンもの大豆を輸入しています。同年の世界の大豆生産量は二億七八〇〇万トンですから、世界で生産される大豆の二二％を中国が輸入していることになります。

図表11に、中国の大豆自給率の変遷《へんせん》を示しましたが、中国が成長を始めた一九九〇年頃から、自給率が急速に低下していることが分かります。二〇一三年の自給率はたった一六％です。

が、中国が大豆を大量に輸入し始めた結果、世界の大豆市場は混乱したでしょうか？

図表11 中国の大豆自給率（FAOデータより筆者計算）

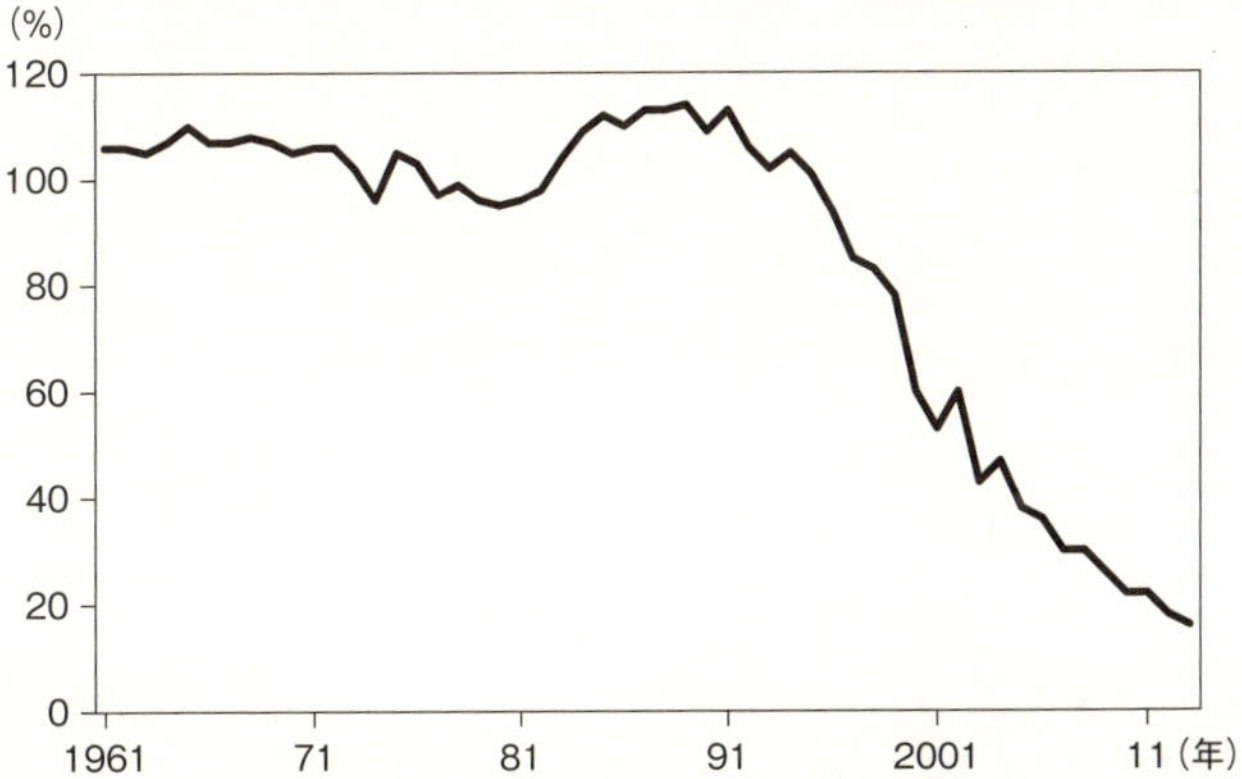

答えはノーです。この本を読んでいるみなさんの多くは、中国が大量に大豆を輸入している事実すら知らなかったと思います。なぜなら、日常生活において、大豆価格が高騰するなどの経験をしなかったからです。

中国が大量の大豆を輸入するようになると、ブラジルとアルゼンチンが、争って生産量を増やしました。私はアルゼンチンの大豆を扱っている商社を訪ねたことがありますが、その会社の副社長は、中国が大量に大豆を買ってくれるようになって、アルゼンチンの農民は大いに喜んでいると話しました。もちろん、会社の業績もよくなりました。

中国の人口は日本の約一〇倍。その中国が豚肉を生産するために大豆を大量に輸入しても、世界はその大豆をスムーズに増産することができた。これは、世界が十分な食料生産余力を持っていることを示しています。そして、大豆の自給率が急低下しても、中国は何も心配していません。それは、世界が食料生産余力を持つことを知っているからです。また、工業製品をブラジルやアルゼンチンに売るためには、両国が作ったものを買う必要があるのですが、大豆がまさにそれに適した製品となることを知っているからです。

もし、中国が大豆の自給を貫けば、中国は大豆の生産に適した地域ではないため、多くの補助金が必要になります。それは経済発展の足かせになるでしょう。中国は自給率を低下させることによって、効率よく、国民がたらふく豚肉を食べることができる社会を築き上げたのです。

このことは、わが国における食料自給率に関する議論に、多くのことを投げかけています。いたずらに食料危機をあおり、無理をして食料自給率を上げようとすることは、補助金行政を助長することになる。それは、日本の衰退を早めることになるでしょう。

安全保障など、あらゆる面で対峙《たいじ》しなければならなくなった中国に対抗するために、日本は効率のよい社会を築く必要があります。そう考えると、いたずらに食料危機をあおることは、利敵行為ともいえます。この冷厳な事実を農業関係者は重く受け止める必要があるでしょう。

第四章　アメリカへの挑戦が早めた崩壊

う。

覇権国家が必ず行う行動とは

覇権国家《はけん》は、第二位になる国の追い落としを図ります。ローマとカルタゴ、一七世紀のイギリスとオランダ、歴史上には数多くの例があります。歴史の必然といってもよいでしょう。

であるならば、第二位になった国は、覇権国家に逆らわずに下手に出つつ、国力のさらなる充実を図り、第一位を目指すべきです。しかし、歴史を振り返ると、多くの国は第二位にのし上がったことに自信を深め、無謀にも覇権国家に挑戦し、そして敗れ去っています。

中国もその例に漏れないようです。習近平は鄧小平の提唱した外交方針、すなわち「才能を隠し内に力を蓄える」という韜光養晦《とうこうようかい》路線をかなぐり捨てて、三隻の空母を建造するなど、アメリカに対する挑戦を始めました。

そして、その足元では、不動産バブルの崩壊が、すぐそこまで迫っています。本章では、中国の今後を歴史のなかで考えたいと思います。

まず、一九世紀のイギリス外交をリードしたヘンリー・パーマストン子爵《ししゃく》は、「イギリスには永遠の友人も永遠の敵もいない。あるのは『永遠の国益』だけだ」という趣旨の発言をしています。これは国家戦略の基本を述べたもので、不朽《ふきゅう》の真理だと思いますが、「永遠の国益」を判断することは、かなり難しい作業になります。

何が国益か、それを冷静に判断することは難しい。なぜなら多くの場合、国益は国民感情の延長上にはありません。そのため未熟な政治家が国民感情に迎合し、激情のおもむくままに突っ走り、失敗するケースが跡を絶たないのです。

それに対して、パーマストン子爵を生んだイギリスは、近世において冷静な判断を続けることができました。その結果、小さな島国が、大英帝国として長期間にわたり世界に君臨することができたのです。

第一次世界大戦が終了したあと、世界の覇権は、イギリスからアメリカへ移行し始めます。そして、第二次世界大戦が終わると、完全にアメリカに移行してしまいました。昨今、よくアメリカの凋落《ちょうらく》が話題になりますが、それでもアメリカは、経済や軍事において他国に卓越した力を有しています。だからこそ、ドナルド・トランプ大統領のちょっとした発言にも、世界中の多くの人々が関心を寄せるのでしょう。

そんなアメリカのアジア政策の歴史を探ってみましょう。

第一次世界大戦が終わり、イギリスの衰退が明らかになると、イギリスに代わってアメリカが、アジアへの野心を明らかにします。ただ、アメリカは国土が広いがために、アジアに領土を持とうとは思いませんでした。植民地を作るつもりもない。その代わり、アジアを市場として利用しようと思いました。国産品をアジアに売り込むのです。

そんなアメリカにライバルが現れました。それが日本です。日清・日露の両戦役に勝利し、第一次世界大戦でも戦勝国の側にいた日本は自信を深めます。そして、「一等国日本」を旗印《はたじるし》に、アジアへ進出していきます。

その結果、第一次世界大戦が終わった頃から、日本とアメリカは、ことあるごとに対立するようになりました。満州事変を起こして、日本が満州の権益を一手に握ると、アメリカの日本に対する不信感は一層強まります。

一九三七年の盧溝橋《ろこうきょう》事件をきっかけに日中戦争が始まると、アメリカは中国を支援します。アメリカは蔣介石が率《ひき》いる国民党政府を支援したのですが、その頃、毛沢東率いる共産軍にも秋波を送っています。共産主義が嫌いなのですが、アメリカは、日本に対抗できる勢力なら共産主義者でもよい、と思ったのです。まさにアメリカは「永遠の国益」に従って行動していました。

その後、日本は中国での権益を巡って、愚かにもアメリカと戦争を始めてしまいました。そうしてアメリカに完敗します。一九四五年のことでした。

するとアメリカは、一時、共産主義者にも秋波を送ったのですが、やはり心では嫌いだったので、国民党の蔣介石を支援することにしました。アメリカは蔣介石が統一した中国と交易し、利益を得ようと思ったのです。

しかし、アメリカの思惑通りにはなりませんでした。日本軍が中国から撤退すると、蔣介石の国民党軍と毛沢東の共産党軍のあいだに内戦が勃発《ぼっぱつ》したのです。最初は蔣介石が優勢にも見えましたが、その勢いは短時間で失速し、結局、毛沢東の勝利に終わりました。

こうして一九四九年、中華人民共和国が建国されます。一方の蔣介石は、アメリカの助けを得て、台湾に逃げ込みました。これが現在の台湾問題の起源です。

パーマストン子爵のように冷静に考えれば、アメリカのアジア政策は、大失敗です。太平洋で大きな血の代償を払って日本に勝利したのに、広大な中国を市場として利用することができなかったからです。

中華人民共和国がソ連の陣営に組み込まれ、アメリカに対立することが明らかになると、アメリカはそれまでと打って変わって、俄然、日本に対して優しくなります。

戦争犯罪人を裁く極東国際軍事裁判は一九四八年に終わりますが、その途中から米ソ対立が明らかになり、かつ中国大陸で共産党軍が優勢になると、アメリカは戦争犯罪追及の手を緩めます。日本を味方に付けようと思ったからです。

その後、一九五〇年に朝鮮戦争が始まると、日本を味方にしようとする方針は不動のものになりました。中国は朝鮮戦争に義勇軍の派遣という名目で参戦しますが、それによって米中関係は、決定的に悪化してしまいました。

こうしてアメリカの戦後アジア政策が定まった……アメリカは日本に優しくなり、その一方で、中国と激しく対立するようになったのです。

国際情勢の変化は、戦後の日本に、大きな幸いをもたらしました。朝鮮戦争が始まると、アメリカは戦争に必要な軍事物資を、日本から調達しました。日本は戦争特需に沸き返り、それを契機に敗戦の打撃から立ち直っていったのです。

戦争で何もかも失った日本は、敵国であったアメリカの庇護《ひご》のもと、急速な経済成長を遂げました。そして一九六八年、GDPにおいて、西ドイツを抜いて世界第二位の座に躍《おど》り出《で》ます。

しかしそうなると、アメリカは、日本に対するスタンスを少しずつ変え始めます。が、日本は、アメリカの視線の変化に気づきませんでした。日本が最初にアメリカが冷たくなったと思ったのは、一九七二年のリチャード・ニクソン大統領の訪中でした。

それまで日本は、アメリカと中国は仲が悪いとばかり思っていました。しかし当時、大統領補佐官だった稀代《きたい》の戦略家、ヘンリー・キッシンジャー氏は、ベトナム戦争を終結させるためには中国の協力が必要だと考え、中国との国交回復に向けて動き出します。

一方、台湾は、アメリカから見捨てられました。アメリカにとって国民党は永遠の友人ではなかったのです。そして中国共産党も、永遠の敵ではなかったのです。そう、アメリカにあったのは、「永遠の国益」だけでした。

ニクソン訪中を聞いて、日本は慌てました。日本にとって寝耳に水だったからです。だが冷静に考えれば、アメリカの心変わりを予想することは、実は容易でした。なぜなら、日本が、GDPで世界第二位になっていたからです。第二位になれば一位の国から疎《うと》まれ、そしていつしか敵対関係になる……日米は、一九七〇年代から一九八〇年代にかけて、貿易戦争という形で衝突しました。

誰が大統領になっても中国と衝突

日本とアメリカが衝突していた間、アメリカと中国の関係は急速に改善されます。そして、中国が一九七八年に改革開放路線に舵を切ると、アメリカは中国のよき理解者になります。こうして中国は、アメリカの庇護のもとで急速に成長しました。

その一方、アメリカに疎まれた日本は、窮地に陥ります。その日本をバブルの崩壊が襲ったのが一九九〇年代です。

日本がバブルの後遺症に苦しむ姿を脇目に、中国は、順調に経済成長を続けます。そして、中国の統計数字は怪しいとはいえ、二〇一〇年に日本を抜いてGDPで世界第二位になった。と、いうことになっています。少なくとも、アジアの地政学は、大きく変化しました。

バブルの後遺症に苦しんだ日本は、すっかり衰えてしまいました。そうなると、アメリカの態度は、再び変化します。日本に優しくなり、GDPにおいて世界第二位になったという中国に対し、厳しく出るようになりました。

二〇一六年に行われたアメリカの大統領選挙では、ドナルド・トランプ氏とヒラリー・クリントン氏のどちらが中国に対し強く出るか、それが議論されましたが、意味のない議論でしょう。どちらが大統領になっても、アメリカは、世界第二位と称する中国とは敵対することになるのです。

夫のビル・クリントンが中国と仲がよかったから、ヒラリーのほうが中国に融和的だ、などといったトンチンカンな評論家もいましたが、外交は個人の好き嫌いの結果で決まりません。冷厳なパワーゲームなのです。

国家戦略がない中国の悲劇の背景

二〇一二年に中国共産党総書記になった習近平、そして中国外交部も、たいへんに無邪気《むじゃき》です。アメリカの心変わりを読めませんでした。中国は孫子《そんし》を生んだ国であり、戦略的思考が得意な国と見る向きもありますが、それは完全な間違いだと思います。

二〇一五年に『Ｃｈｉｎａ　２０４９　秘密裏に遂行される「世界覇権１００年戦略」』と題する本が翻訳されて出版され、話題になりました。アメリカの情報関係者が書いた本として、日本で大いに評判になったのです。その本では、「中国の共産主義者たちは、建国から一〇〇年後の二〇四九年に世界の覇者となるため、周到に準備を進めてきた」との趣旨が語られています。

しかしながら私は、中国が特定の野望のもと着々と世界戦略を練っているとは思いません。中国人は戦略の策定がとても下手だと断言します。こんなことを書くと意外に思われるかもしれませんが、中国人は戦略を立てることが苦手だったからこそ、約三〇〇〇年にわたり大国だったにもかかわらず、一度も世界を制覇《せいは》したことがないのです。

『孫子』『戦国策』など、中国の戦略書は、中国人同士の争いに関する書物。中国で内戦が行われていた春秋戦国時代（『戦国策』が最終的にまとめられたのは前漢時代）に書かれたものです。だから、中国人の中国人に対する戦略でしかありません。外国に対する戦略を書いたものではないのです。

この中国の戦略は、騎馬民族たるモンゴル族や満州族には無力でした。その後もイギリスや日本に負けっぱなしです。その理由は、中華民族には、これといった外交戦略が存在しないからです。

だからこそ、簡単に、周辺国に乗っ取られてしまう……清朝末期から一九四五年まで、中国がイギリスや日本に侵略され続けたのも、その最大の原因は、外交戦略がお粗末だったからに他なりません。

中国は日本の侵略を非難します。日本が中国を侵略したことは事実ですが、その時分の中国の対外政策は、お世辞《せじ》にも褒《ほ》められるものではありません。内戦ばかりして隙《すき》が多かったからこそ、簡単に侵略されたのです。自分の無能さを反省しないで、日本の侵略ばかりを声高《こわだか》に叫ぶ昨今の姿を見ても、中国に本当の戦略的な思考が欠如していることが分かります。

では、なぜ中国の対外戦略は稚拙《ちせつ》なのでしょうか？　その最大の原因は、海外に関する情報の不足にあります。なぜ中国は、海外の情報を収集しないのでしょうか？　それは、海外に興味がないからです。

小さな島国に住みながら世界を制覇したイギリス人は、他国の文化に対し、大いに興味を持ちます。その好奇心が大英博物館を作り出しました。しかし中国には、大英博物館に相当するものはありません。

大英博物館が作られ、世界から多くの物品が集められた時代は、中国の清朝に相当します。清朝は一八世紀の一〇〇年間、東洋の覇者として君臨しました。しかし、清が首都である北京に、大アジア博物館を作ることはありませんでした。

中国人は、世界の国々の文化や文明に興味を持つことはありません。中国がいちばん優れている国であり、その他は野蛮人の国、だからです。よって、国力が充実した際にも、他国の情報を集めることなどなく、周辺国の小国に朝貢《ちょうこう》を強要して、ただ悦《えつ》に入《い》っていました。

中国人が偉い――モンゴル族や満州族も、イギリス人も日本人も、中国人より劣ると考えます。もちろん、その文化や政治制度など、すべてについてです。だからこそ、それらを研究してみようなどとは思わない。所詮《しょせん》、中華文明の足元にも及ばない文化や文明だと思っているのです。その発想は、そこらのガキ大将の域を出ません。「ドラえもん」の「ジャイアン」のように……。

ちょっと話が横道にそれますが、現在でも北京や上海に、フランス料理やイタリア料理のレストランは、それほど多くありません。日本料理は衛生的であり健康にもよいといわれていますが、その日本料理店も、そう多くありません。一方、ケンタッキーフライドチキンやマクドナルドなどのファーストフードの店は多い……しかし本格的な料理屋となると、その多くは中華料理店です。

それは、中国人が中華料理に絶対の自信を持っていることに起因するのでしょう。こんなことからも、中国人が他国の文化に興味を示さないことが分かります。

しかし、海外の文化や国情を詳しく知らなければ、世界戦略を作ることなどできません。つまり、海外に興味がないということは、世界戦略を立てるうえで、致命的な欠陥なのです。

五〇年早かった「中国の夢」

世界戦略を立てるのがとても下手、つまり戦略音痴であることは、習近平政権になってから一層、顕著になり始めました。習近平が開始した政策に「G2」「一帯一路」「南シナ海進出」「AIIB（アジアインフラ投資銀行）」などがあります。そのどれもが対外膨張政策であり、国威《こくい》発揚《はつよう》を目的としています。

それは「中国の夢」を叶えるための政策。ここでは、「中国の夢」について説明したいと思います。

習近平は主席になると、「中国の夢」を、新たな国家目標に掲げます。胡錦濤の政策目標は「和諧《わかい》社会」でしたが、これに代わる新たな政策目標を打ち出したのです。

「和諧社会」は調和のとれた社会という意味で、格差是正を意味していました。江沢民時代に格差が拡大してしまった中国では、それは適切な社会目標であったといえるでしょう。

しかし胡錦濤の一〇年間を経ても、格差が解消されることはありませんでした。それどころか、さらに拡大したのです。北京や上海に住む人々は豊かになりましたが、農村部は取り残されてしまいました。それは、これまで書いてきた通りです。

そのため、習近平政権が取り組むべき政策は、引き続き「和諧社会」を標語にして、一層の格差の是正に取り組むことだったはず。農民戸籍を持つ九億人の生活水準を上げることに注力すれば、中国の国力は、自然にアップします。そうなれば、海外膨張政策など行わなくとも、自然に世界の人々が中国に敬意を表するようになり、それによって国威を発揚することができるのです。

アメリカは、第一次世界大戦が終わってから世界の覇者になる資格を持ったのですが、あえて国際連盟にも参加せず、第二次世界大戦が始まるまで、孤立主義を貫きました。内政に注力したのです。その行動は自制的でした。そうして国力がさらに充実したため、第二次世界大戦が終わると、自然に世界の覇権を握ったのです。

一方の中国……最低あと五〇年間ぐらいは「和諧社会」を標語にし、格差の是正に取り組むべきでした。第三章で述べたように、農民戸籍を有する九億人を豊かにすることは極めて困難な作業になりますが、それに辛抱《しんぼう》強く取り組めば、経済の底辺の押し上げにつながります。その結果、膨大《ぼうだい》な人口を擁する国として、二一世紀の後半には、自然に世界の覇権国になれたはずです。

しかしながら習近平は、「和諧社会」を取り下げて、「中国の夢」を国家目標にします。国内問題の解決よりも、対外膨張政策や国威発揚に舵を切ったのです。これから書くように、それは中国経済を破壊して、経済の低迷が長く続く時代を作り出す可能性が高いといえます。

毛沢東や鄧小平には教育があった

では、なぜ習近平は、このような路線を選択したのでしょうか? それは、習近平の資質と、彼が置かれた状況が作り出したことだと思います。

まず、習近平の資質です。彼の青年時代は文化大革命の時期に重なります。副総理であった彼の父親が批判されたことから、彼も農村に下放《かほう》されました。

それは、一五歳から七年間にも及びます。高校から大学を卒業するころまで農村で過ごした、ということです。その後、父親が復権したことに伴い、彼は名門の清華大学への入学が許されます。一九七五年のことでした。

このとき彼は、既に二二歳になっていました。すなわち、普通の人間が卒業する歳になって初めて、大学に入学したのです。そして、このときはまだ文革の末期でした。そのため大学においても、まともな授業は行われていませんでした。親の七光《ななひか》りで名門大学に入学できたものの、勉強するチャンスには恵まれなかったのです。

このことは、それまでの指導者たちとは、大きく異なっています。毛沢東は地主の息子で師範《しはん》学校に進みました。師範学校付属小学校の校長を務めたこともあります。これは当時としては、かなりのインテリです。また毛沢東は読書好きで、特に歴史書を好み、歴史に対する知識は並の大学教授を凌《しの》ぐほどだったといわれています。

また、鄧小平の「教師」はパリでした。彼も地主の息子で、一六歳のときに故郷を出て、フランスに旅立ちます。彼はフランスでほとんど教育を受けていませんが、周恩来に出会い、彼の弟分として活動しています。そこで多くのことを学んだのでしょう。

鄧小平は二三歳のときに帰国しますが、ちょうど高校入学から大学を卒業するまでの多感な時期を海外で過ごしました。その時期に西欧社会のあり方と国際感覚を学んだのだろうと思います。これも当時の中国人としては異例のことでした。

さらに、江沢民や胡錦濤も学校で教育を受けるチャンスに恵まれています。江沢民は第二次世界大戦のさなかの一九四三年、大学に入学しています。父親は日本軍の特務機関の仕事を請け負っており、かなりの収入を得ていたとされます。すなわち豊かだったのです。

彼は大学にも入学しますが、これは当時として第一級のインテリであったことを意味します。ブルジョワ的な環境で育った江沢民は、当時の中国人としてはたいへん珍しいことですが、ピアノを弾くこともできました。

胡錦濤の両親は、小学校の教員をしていました。ごく普通の家庭でしたが、彼は飛び抜けた秀才でした。そして、文化大革命が始まる前の一九五九年に清華大学の水力エンジニアリング学部に入学しています。きちんとした教育を受けるチャンスがあった、ということです。

教育は、その後の人生に大きな影響を及ぼします。毛沢東は、中国の歴史において、傑出した人物です。彼は革命家ではなく、王朝の創設者なのです。

毛沢東の私生活やその政治手法を非難する向きがありますが、彼を高潔な革命家として見るから、そのような非難が起こるのでしょう。彼を中国の王朝の創設者だと考えれば、平気で仲間を裏切ることも、女にだらしないことも、ごく普通の行為です。そんな彼の本棚には、陰謀を記した中国の歴史書が詰まっていました。

改革開放路線を貫いた鄧小平は、フランスでの経験に基づいて物を考えていたようです。彼は、中国的な毛沢東とは異なり、西欧的です。そんな彼が社会主義市場経済を作り出しました。

また江沢民と胡錦濤は、所詮、官僚です。小物でした。両名を総書記に指名したのが鄧小平であったこともあり、鄧小平路線を忠実に走ってきました。

歴史にも海外事情にも暗い習近平

そして習近平です。彼は誰の指名でもなく、仲間のコンセンサスによって選ばれました。江沢民の影響力が強かったのですが、江沢民は習近平を凡庸《ぼんよう》で御《ぎょ》しやすい男と考えて推したようです。そう、自分を守るために——。

その習近平の思考形式は、文化大革命によって下放されていた一五歳から二二歳の頃に形成されたと考えるのが自然でしょう。迫害された習近平は、自分を守るために、本音を隠すことを覚えます。そして、周囲を見渡して危険を察知する術《すべ》を体得しました。それが得意だったからこそ、熾烈《しれつ》な共産党内部の権力闘争で生き残ることができたのでしょう。

彼は共産党のなかで順調に出世の階段を上りました。そしてトップに上り詰めましたが、総書記になった彼の頭のなかには、地方官僚としての経験しか入っていません。多くの書物を読むことによって、中国の歴史については学者を上回る知識水準を誇った毛沢東や、パリで国際感覚を身に付けた鄧小平とは、大きく異なります。

当然、中国の歴史や西欧の実情などには無知。彼が持っている知識は、ごく普通の中国の地方官僚と同レベルと考えればよいでしょう。

つまり教養に欠ける二流の人物がトップになった……本来は地方の市長や省の書記などが

似合う人物だったと思います。

そんな彼が強運に恵まれて大出世を遂げた――中国で出世するには第一に能力、二番目が人望、そしてなにより運が大切だそうです。習近平は強運の持ち主。党内で傑出した人物だったわけではありません。

習近平は同僚に選ばれた皇帝です。ただ江沢民から凡庸で言いなりになると思われたから総書記になった……党内の立場が強くないのは当然でしょう。

弱い指導者だから対外膨張政策を

習近平は総書記の座に就くと、薄熙来や周永康《しゅうえいこう》といった大物を逮捕しました。特に周永康は、江沢民の部下でした。

当然、江沢民は怒ります。が、習近平は盟友の王岐山《おうきざん》と組んで、腐敗撲滅《ぼくめつ》を錦《にしき》の御旗《みはた》に、党内での地位を固めていきます。最近では「核心」とまで呼ばれており、彼が党内をほぼ掌握したと見る向きが多いのですが、それは表層的な見方だと思います。

現在、権力の座にいる習近平と王岐山に表立って逆らう人はいません。だから、二〇一七年の秋の党人事でも、習近平は自分の子分を昇進させる。しかし、彼の味方は少ない。なぜなら習近平が作り上げている派閥とは、彼が党内で出世して行く過程で身近に仕えた部下だけによって構成されているからです。その人数は、それほど多くありません。

人事異動は三年に一度程度です。異動のたびに三人の親しい部下を得ることができたとしても、彼がキャリアアップしていくなかで知り合った親しい人物は、せいぜい二〇人程度に留まるでしょう。

彼らを政府や党の主要な地位に就けることが習近平の野望ですが、それだけでは、巨大な共産党を掌握《しょうあく》できません。腐敗撲滅の御旗を片手に党内に睨《にら》みを利かせていても、本当に彼を支える親衛隊は思いのほか少なく、ほとんどは面従腹背《めんじゅうふくはい》の輩《やから》と考えたほうがよいと思います。

そんな習近平だからこそ、無理をして、自分を「核心」などと呼ばせているのでしょう。もし彼が本当のカリスマであるならば、自分を呼称で特別扱いさせる必要などありません。

毛沢東は大躍進政策に失敗して国家主席の地位を劉少奇《りゅうしょうき》に譲りますが、共産党主席として隠然《いんぜん》たる力を保持し続けます。そして一九六六年、青少年たちをけしかけて、文化大革命を始めました。このとき国家主席だった劉少奇は無力でした。紅衛兵《こうえいへい》に殴られて負傷し、その後、幽閉《ゆうへい》先で憤死しています。

また鄧小平は、復帰後、完全に実権を掌握しますが、国家主席や共産党主席になることはありませんでした。しかし引退したあとも、隠然たる力を維持し続けました。南巡講話を行ったとき、彼は八七歳になっていました。高齢のため、すべての役職を引退していたのですが、全国民が彼の言葉に従い、南巡講話はその後の国家の方針になりました。

習近平はいろいろな組織の長を兼任していますが、これは彼の強さを表すものではなく、弱さを表すものでしょう。習近平の最大の敵は、日本でもアメリカでもありません。それは、共産党内部の人間です。

共産党内の一部の子分を除けば、全員が面従腹背の輩……そして、薄熙来や周永康という大物を逮捕したため、党内に多くの遺恨を作り出してしまいました。つまり、習近平はちょっと油断すると、批判の矢面《やおもて》に立たされるわけです。

中国共産党では、彭徳懐《ほうとくかい》、劉少奇、林彪《りんぴょう》、胡耀邦《こようほう》、趙紫陽……その他多くの有名な指導者が失脚しています。独裁政権では、真のカリスマ、つまりヒトラー、スターリン、毛沢東、鄧小平クラスの人間でなければ、いつ何時《なんどき》、寝首を掻《か》かれるか分からないのです。

習近平は総書記になると「中国の夢」を掲げて、国威発揚と対外膨張政策に打って出ますが、その最大の目的は、実は、党内の求心力を保持することです。しかし、もし習近平が、鄧小平のように海外の事情に明るかったならば、アメリカとの深刻な対立を招くような対外膨張政策に打って出ることはなかったでしょう。

習近平が安易に国民の関心を外に向ける政策を採用したのは、彼に真の教養が欠けていたからでしょう。国家の指導者として一流の人物ではなかったことを示しています。

その習近平は鄧小平を嫌っているようですが、それは鄧小平の見識に対するコンプレックスから来ているのだと思います。

二・二六事件と同じ状況下の中国

二〇世紀に入ってから、実力がないにもかかわらず大いに国威発揚を図り、覇権国に挑戦して敗れた国が三つあります。ドイツ、日本、そしてソ連、すなわち現在のロシアです。

イギリスやフランスに遅れて近代国家を作ったドイツと日本は、かなり無理をして、世界に進出しようとしました。ドイツは二度にわたり、世界秩序に挑戦し、二度の大戦に敗れています。

そして日本も大陸への進出を図りますが、いま考えれば、明らかに実力不足でした。当時の日本の経済力では、満州国を作って支配することなら何とかできましたが、中国を支配下に置くことはできなかった。そして中国大陸への進出は、アメリカとの深刻な対立を招くことになってしまいました。

次はソ連。ソ連は、冷戦下において、その脆弱《ぜいじゃく》な経済力に見合わない無理な軍拡を進めました。また、世界に対する影響力を強めようとして、国内の経済がうまく行っていないにもかかわらず、アフリカ諸国に多大の援助を行っています。一九七九年にはアフガニスタンに侵攻しましたが、それがソ連にとって命取りになりました。

アフガニスタンへの侵攻に怒ったアメリカは、弱気なジミー・カーター大統領から強気のロナルド・レーガン大統領に代わると、その経済力にものをいわせソ連に軍拡競争を迫ります。その挑発に応じたソ連は軍事費の増大に耐えられなくなり、崩壊してしまいました。

覇権国家であったイギリスやアメリカと、それに挑戦したドイツ、日本、ソ連との違いは、その経済力とともに、内政の安定度でした。

世界制覇を唱《とな》えることができたイギリスとアメリカには民主主義が定着しており、広く国内の意見を集約することが可能だった。一方、両国の支配に挑戦して失敗した三国には、民主主義は存在しませんでした。いずれも独裁政権が国を支配しており、その独裁政権が子どもじみた野望を振りかざして、失敗したのです。

日本の失敗について振り返ってみましょう。黒船の来航以来、日本は西欧に対して大きなコンプレックスを抱いていました。それは、日露戦争でヨーロッパの大国たるロシアに勝利したため、かなり解消することができました。しかしコンプレックスが解消されると、それが過剰な自信を持つことにつながり、無謀な大陸進出を始めたのです。

満州国の建設まではなんとかなりましたが、経済の実力が不足していたため、一九三七年に始まった日中戦争では、完全に行き詰まってしまいます。中国は広く、日本軍がいくら個別の戦闘で勝っても中国軍は奥地に逃げるため、相手を屈服させることができなかったのです。

一九四〇年頃になると、陸軍も重慶に逃げ込んだ蔣介石政府を倒すことはできないと思い始めます。そしてアメリカからの圧力……日本は一九四一年の夏から秋にかけて、アメリカと戦争すべきかどうか大いに悩みます。が、最終的には、アメリカからの要求たる中国からの撤兵を拒否して、開戦することに決めます。

ただ本音では、陸軍も重慶に逃げ込んだ蔣介石を攻めあぐねており、撤兵したかったのです。しかし陸軍はメンツを失うことを恐れ、最後まで強硬論を貫きました。

このように、独裁政権はメンツを大切にするため、そのメンツを守るためだけに国家戦略を間違えてしまうのです。どうでしょう、いまの中国にそっくりではありませんか？　中国は常々日本に対し「歴史に学べ」といいますが、最近の行動を見ていると、歴史に学ぶ必要があるのは、中国のほうです。

現在、中国が対外膨張政策に打って出る理由と、戦前に日本が対外膨張政策に打って出た理由は、よく似ています。

昭和初期の日本には、貧しい農民がたくさんいました。昭和一一（一九三六）年に二・二六事件が起きますが、その原因の一つには、陸軍の青年将校が貧しい農民に同情したことが挙げられます。兵士の多くも、農村の出身でした。下級将校は日常的にこうした兵士と接し、彼らから故郷の悲惨な状況を聞きました。そして、それを改善できない政府に腹を立てたのです。

現在の中国の状況も、戦前の日本にそっくりです。鄧小平の遺訓である「先富論」によって、都市戸籍を有する四億人は豊かになりました。しかし、それは農民戸籍を持つ九億人の犠牲の上に立ったものです。

先にも述べましたが、「先富論」では、先に豊かになった者が遅れた者を助けることになっていました。ならば、いまこそ政府は、都市戸籍を持つ者から多額の税金を徴収し、農民戸籍を持つ人々にばら撒《ま》くべきなのです。しかし、そのような政策を行えば、都市戸籍を持つ人々の共産党への支持は一気になくなってしまうでしょう。

そして、このことも先に述べましたが、現在、都市戸籍を有する四億人は、中国共産党の有力な支持基盤なのです。彼らの支持を失うわけにはいきません。

そんな習近平政権は、対外膨張政策である「中国の夢」を打ち出しました。対外膨張政策による国威発揚です。それが「一帯一路」や「ＡＩＩＢ」、そして「南シナ海への進出」です。

「南シナ海への進出」については、軍部の一部が中央の意向を無視する形で行ったとの指摘もありますが、いずれにせよ軍部が採った冒険主義を、共産党中央が認めたのです。「中国の夢」などとキャンペーンを始めれば、末端の軍人は冒険主義に走りやすくなります。それは、軍部が独断で起こした満州事変をあとで中央が肯定した、日本の歴史にそっくりです。

現在の中国の状況と中国政府が行っている対外膨張政策は、戦前の日本が行った政策のカーボンコピーのようです。そうであるならば、その帰結も、まったく同じものになるでしょう。

そう、中国の対外膨張政策はアメリカとの対立を招き、そして敗れ去るのです――。

ここまで話せば、歴史に学ぶ必要があるのは日本ではなく、中国であることが確信できるでしょう。

「中国の夢」が招く中国崩壊

では習近平は、どのような対外政策を採るべきだったのでしょうか?　「中国の夢」と称して国威発揚を行うのではなく、鄧小平が示した「韜光養晦」に徹すべきだったのです。いまアメリカは、自称とはいえGDP世界第二位の中国に対し警戒心を抱き、何とかして叩きつぶしたいと思っています。だからこそ、なおのこと、疑念を持たれないよう振る舞うべきでした。

それは、豊臣政権下の徳川家康《とくがわいえやす》の振る舞いが参考になります。家康は、豊臣政権下で、群を抜く有力な家臣でした。当然、秀吉は警戒します。しかし、家康は秀吉が亡くなるまで、細心の注意で、その野心を隠し続けました。

中国のGDPが正しかったとして、約一一兆ドル。それに対してアメリカは一九兆ドル。中国のGDPは未だ、アメリカの六割程度なのです。そして、一人当たりのGDPは、アメリカの一割強しかありません。

その段階で、習近平政権はG2などと言い出しました。中国の某将官に至っては、ある会議において、米中で太平洋を二分しようと提案したそうです。それをアメリカが快く思わないことは明らかでしょう。

二二世紀の歴史の教科書には、「習近平が共産党総書記になると『中国の夢』と称し、国威発揚を図ったことから、アメリカと中国は太平洋をはさんで激しく対立するようになりました」などと書かれるでしょう。

農民犠牲の成長モデルが逆回転を

「農民工」は中国に経済成長をもたらしました。しかし、それは現在、中国経済にマイナスの影響を与え始めています。日本には、中国経済の将来について、とても楽観的な人々がいますが、筆者は九億人もの農民戸籍所有者がいることを十分に理解しているため、その未来について悲観的です。

中国の経済成長は、工業部門の発展が作り出しました。海外から導入した技術と安価な労働力である「農民工」の組み合わせが原動力だったのです。それによって輸出を伸ばし、外貨を稼ぎました。

そして現在、一九八〇年代の日本と同じように、不動産にバブルが発生しています。一九八〇年代後半の日本人がハッピーだったように、この一〇年ほど、中国の人々も幸せでした。

しかし、バブル景気も終わりに差し掛かっています。正確には、習近平が総書記になった二〇一二年頃から、バブルは弾《はじ》け始めています。それを政府が金融と財政の政策で強引に抑え込んでいたために、一般の人は気付かなかっただけ。そして、その強引な政策は、本書の序章で見たような風景を生み出しています。

中国政府は、不動産バブルをソフトランディングさせようとしていますが、崩壊させないために金融や規制を緩めると、さらなるバブルが発生してしまいます。ソフトランディングさせるための政策自体が、さらなるバブルの拡大を招いているのです。

そうこうしているうちに、北京や上海では、住宅の価格は平均的なサラリーマンの年収の二〇倍以上にもなっています。これは、一九八〇年代の東京よりも大きなバブルです。もはやコントロール不可能といってもよいでしょう。

そんな中国で、経済が逆回転し始めました。その真の原因は、農民戸籍所有者が九億人もいることです。

現在、工業部門は過剰生産設備を抱えています。中国の工業部門は「農民工」を安く使えたので、調子に乗って事業を拡大してきました。しかし、世界中に中国製品が行き渡ってしまったことから、これ以上売り込む先がなくなってしまったのです。

そして、九億人にものぼる農民戸籍の人々の所得を低く抑えていたために、内需の振興も難しい。彼らの所得を上昇させればよいのですが、先述の通り、「農民工」の給与を上げ過ぎると、「Ｃｈｉｎａ＋１」と称し、中国に工場を持っている海外企業が逃げてしまいます。

しかし、農民戸籍の九億人を犠牲にした経済発展モデルをこれからも続けていくことはできません。それなのに、次の発展モデルが見つからないのです……。

空母の建造で崩壊を早めたソ連

対外膨張政策に打って出た中国と、アメリカは、衝突する宿命にあります。しかし、それは熱い戦争を意味しません。お互いがミサイルを打ち合うような事態に発展することはないでしょう。

それでは、中国の台頭を恐れるアメリカは、どうするのでしょうか？　答えは、アメリカが覇権を握ったあとの歴史にあります。第二次世界大戦後にアメリカの覇権に挑戦した国は、ソ連と日本でした。アメリカはそのどちらとも熱い戦争はしなかった。それにもかかわらず、アメリカはソ連と日本に勝利し、世界の覇権を維持しています。

ソ連との戦いは軍拡競争でした。その最後はレーガン大統領のとき。ソ連がアメリカの軍拡に伍していくことができなかった象徴が、航空母艦です。ソ連は、レーガン大統領が軍拡競争を仕掛ける以前にも、モスクワ級二隻とキエフ級二隻（その後に追加して四隻になる）を所有していました。

しかし、それは空母というよりも、日本の自衛隊が所有するヘリコプター空母のようなものでした。垂直離着陸機は運用できるのですが、飛行機を射出するカタパルトもなく、本格的な戦闘機や爆撃機は離着陸できませんでした。

レーガン大統領の挑発に刺激されて、ソ連は本格的な空母の建造に乗り出します。それがアドミラル・クズネツォフ級です。その二番艦がヴァリャーグ。しかし一九八五年に着工されたものの、ソ連の崩壊によって、一九九二年に建造が中止されてしまいます。のちに中国は、このヴァリャーグを購入して改造し、「遼寧《りょうねい》」（二〇一ページの写真9）として完成させます。

ソ連はこの他にも、一九八八年、初の原子力空母を着工しました。しかしこの空母も、ソ連の崩壊により、一九九二年に建造中止となります。中国はいま、この原子力空母の設計図を手に入れ、上海で建造を始めたといわれます。就航は二〇二〇年代中頃のようです。

ただ、空母の建設には、想像を絶するような多額の資金が必要になります。たとえばアメリカのニミッツ級空母の建造費は、約六〇億ドル（約六八〇〇億円）とされます。さらに空母に搭載する飛行機にも、ほぼそれに匹敵するほどのお金が必要になります。

それだけではありません。空母を維持するにも多額の費用が必要になります。

まず、空母への着艦には高度な技量が必要になります。そのため空母に乗務するパイロットは、エリート中のエリート。当然、その養成にも、莫大な資金が必要になります。そして養成したのちにも、技量を落とさないようにするため、常に練習を繰り返す必要があります。

訓練にもお金がかかります。飛行機は、その後部に付けたフックと呼ばれる金具を空母の甲板に張ったワイヤーに引っかけて着艦します。ジェット機が高速で着艦するので、強い力がワイヤーにかかりますが、それでも切れないような特殊なワイヤーを用意する必要もあり

写真９　空母「遼寧」

ます。

現在、このようなワイヤーを製造できる技術を持っているのは、アメリカとロシアだけとされます。軍事機密の壁があるために詳細は不明ですが、中国はそのワイヤーを、ロシアから輸入しているようです。

それほど特殊で高価なワイヤーなのですが、何回か使うと、劣化して使用できなくなります。つまり、空母に飛行機が着艦する練習をするだけで、高価なワイヤーが何本も必要になるのです。

加えて、着艦練習は、非常に危険です。ちょっとしたミスで飛行機を壊すこともあります。パイロットが亡くなることもあります。長い時間をかけて養成したパイロットの命が一瞬で失われる。また、最新鋭の戦闘機Ｆ35などは一機一〇〇億円以上しますが、それが一瞬でパーになります。それでも練習を繰り返さないと、技量を維持できないのです。

これまでの記述を読んだだけでも、空母を造り、海上打撃群と呼ばれる軍備を維持するには、いかに多額の費用が必要になるかが分かると思います。本格的に空母の建造に打って出たソ連の経済は、そのせいで崩壊してしまいました。

内政が低劣な中国の外交は

日本の戦後の復興は、アメリカの庇護《ひご》のもとで行われました。こうして一九八〇年代に入ると、優れた自動車や電気製品を世界中に輸出して、世界経済のなかで、日本は確固たる位置を占めることに成功します。

日本人には第二次世界大戦の苦い経験があるため、軍備を強化しようとは思いませんでした。あくまでも日米安全保障条約のもと、アメリカの子分として繁栄しようと思っていました。

それでもアメリカは、世界第二の経済力を持つようになった日本に警戒心を抱きます。一九八〇年代に入ると、アメリカが日本を見る目は、明らかに冷たくなりました。日米貿易交渉や日米構造協議というように、何度も日本経済の弱体化を意図した交渉を仕掛けてきました。そして、一九八五年のプラザ合意が、工業製品の輸出で発展してきた日本経済にとどめを刺したのです。

しかし、マクロな視点から見たとき、武力を持たない日本は、その貿易や為替《かわせ》の交渉において、アメリカの言いなりにならざるを得ませんでした。結果、その経済は、ガタガタにされてしまいました。日本はアメリカに対し、軍事面では何も逆らわなかったのに、酷《ひど》い目に遭ったのです。

このように覇権国は、第二位にのし上がった国を必ず叩きます。陰謀論の肩を持つわけではありませんが、二二世紀の歴史家は、「アメリカがあらゆる手段を講じて、日本経済の弱体化を図った」と書くことになるでしょう。

そして、アメリカの覇権に対する三番目の挑戦者が中国です。アメリカにとって中国は、ソ連と日本を合わせたような挑戦者です。中国はソ連と同様に空母を建造し、アメリカの軍事的覇権に挑戦を試みています。加えて、かつての日本のように、経済力でもアメリカを凌駕《りょうが》しようとしています。

一三億もの人口を擁することから、中国は、アメリカにとって容易ならざる挑戦者です。しかし、その争いは案外あっさり片が付くと考えています。結果はアメリカの勝利、中国の負けです。

その最大の理由は何か？　先に書きましたが、それは中国に国家戦略が皆無だからです。そして、どの国でも、外交は内政の延長ですが、中国では特にその傾向が著しい。戸籍アパルトヘイトのような低劣な内政を採り続ける中国は、当然、ひどい外交音痴なのです。

外交を行う者の視線は国内に

一例を挙げれば、王毅《おうき》外相の言動です。彼は駐日本大使を務めたことがあり、日本語が堪《たん》能《のう》で、日本国内の事情もよく知っています。そんな日本通の彼が外相になったのですが、その後の発言や行動は、日本人の感情を逆撫《さかな》でするものばかりでした。

外交の本質は、まず国家の安全を図り、次に外国からより多くの経済的利益を引き出すことにあります。それには友好の演出が、絶対に重要です。「友だちなのだから攻めて来ないでほしい。ついでに他国よりもよい条件で交易させてほしい」……こんな都合のよいことを相手に納得させる、それが外交の本質なのです。

であれば、ウソでも友好関係を演出すべき。商売にお世辞《せじ》は付き物ですが、安全保障についても同じです。

しかし、王毅が外相になってからの発言や行動は、それとはまったく逆。日本の反感を煽《あお》るようなことしかいっていません。日本と中国の関係は特殊ですから、日本だけに喧嘩《けんか》を売っているのかなと思っていましたが、カナダでの記者会見においても、記者たちに傲慢《ごうまん》をぶちかまして顰蹙《ひんしゅく》を買っていました。

王毅だけではありません。中国の外交はとても幼稚です。

たとえば二〇一五年、習近平がイギリスを訪問した際にも、エリザベス女王の神経を逆撫《さかな》でしたようです。その後、エリザベス女王が中国の非礼を非難する動画が世界中に流れてしまいました。これは、隠し撮りした映像がミスによって流出したといわれていますが、それは言い訳であり、非礼に怒ったエリザベス女王が側近に命じて仕返ししたものと考えられます。

また中国の外交当局は、二〇一六年の秋、杭州で開催されたG20において、アメリカのバラク・オバマ大統領が到着した際、空港でタラップや赤絨毯《あかじゅうたん》を用意しないなど、子どもじみた嫌がらせをしました。どうやら中国の外交当局は、海外に敵を作ることこそが仕事だと考えているようです。

ただ、その理由は明白です。外交を行う者の視線が、国内に向いているためです。中華思想に染まった保守派を満足させるためには、子どもっぽい外交を繰り返すしかないのです。

この保守派は、世界の現状や外交のあり方などが理解できません。外交当局が相手を見下すような発言をしたりすると、何となく快感を得るのでしょう。まったくもって子どもじみています。

このような国が、外交において、百戦錬磨のアングロサクソン国家に敵《かな》うはずがありません。これが、私が中国とアメリカの対立は意外に短い時間で決着がつくと考える、最大の理由です。

ソ連の失敗に学ばず三隻の空母を

現在、中国は、一九八〇年代後半の日本と同じように不動産バブルに踊っています。アメリカは、必ず、そこを突いてきます。そしてその手段は、日本に対して行ったのと同じようなものになりそうです。

第一には、為替レートをアメリカに有利なように動かすこと。中国は日本とは異なり完全な変動相場制になっていませんが、その分、内部に矛盾《むじゅん》が蓄積しやすい構造になっています。アメリカは、為替に対してさまざまな介入を行うことによって、中国の不動産バブルをさらに大きく膨らませ、最後にそれを爆発させる戦略を採用すると思います。

アメリカは、基軸通貨たるドルの為替レートを、自国が最も有利になるよう動かす権利を持っています。もちろん、完全にコントロールすることはできませんが、トランプ大統領がツイッターに二〜三行書き込んだだけで、円とドルの交換レートが二〜三円ほど動くのです。それだけの力を持っているのは確かです。

そして次に、中国の貿易黒字を減少させます。貿易交渉では日本もいじめ抜かれましたが、今度は中国の番。中国の輸出産業がこれ以上成長することを妨害するのです。それは、数年のスパンで中国経済に影響を及ぼすでしょう。

輸出産業が利益を稼ぎ出せなくなれば、富の源泉が涸《か》れますから、その表象ともいうべき都市のマンション価格は下落します。そして、一九九〇年代の日本と同様、不動産価格の下落が中国の金融システムを直撃するはずです。

すると中国は、中央銀行の特別融資などを連発し、バブル崩壊を防ごうとするでしょうが、それによって急速な崩壊を防ぐことはできても、それは逆に経済が長期にわたり低迷する原因にもなります。

歴史上、崩壊しなかったバブルはありません。一七世紀のオランダのチューリップ然《しか》り、二一世紀に入ってからのアメリカのサブプライムローン然り……中国のバブルが崩壊することは確実です。

それに加えて軍拡です。戦後、日本は空母を造りませんでした。防衛費をGDPの一%以下に抑えていたのに、バブルが崩壊すると経済が低迷し、国力も衰えました。

一方、中国は「遼寧」を就役させて、もう一隻が大連で進水して艤装《ぎそう》中であり、さらに上海で三隻目を建造中です。このように空母の建造に励む姿は、一九八〇年代後半のソ連を彷《ほう》彿《ふつ》とさせます。莫大《ばくだい》な国防費を浪費しているとしか思えません。

中国は、軍拡競争を挑んだソ連と、経済でアメリカを凌駕しようと考えた日本、その二国を合わせるような形で、アメリカに挑戦しています。それが無謀な挑戦であることは、歴史が証明しています。

若者の就職難が生み出す政変

不動産バブルと、それに伴う金融システムの脆弱化は、中国経済に新たな難題を突き付けています。中国は、日本がこれまで経験した「失われた二〇年」以上の経済停滞に落ち込む可能性が高いと思います。

その兆候は既に表れています。日本には中国から多くの留学生が訪れます。東大、早稲田、慶応が中国人に占領される、などといったニュースが流れましたが、多くの留学生は、中国に戻っても条件のよい就職先を見つけることが難しくなっています。

留学生に聞くと、「都市部で月給五〇〇〇元（約八万円）の仕事にありつければ御《おん》の字だ」といいます。しかし、北京や上海は住居代が高いので、親元から通勤しないのであれば、五〇〇〇元では生活できないといいます。

そのような状況に対し、学資を出した親世代も、心底ガッカリしています。中国は日本とは比べものにならないほどの「超」学歴社会なので、無理をして日本に留学させたのですが、元が取れない、というわけです。

先述したように、天安門事件を起こした中国版「団塊の世代」は、現状に満足していますが、バブルが弾ければ話は別です。自分の資産が失われるとともに、息子や娘の就職先も失われるからです。

現在までのところ、中国政府が積極的な財政出動を行うことでバブル崩壊は免れていますが、過剰生産設備が問題になるなか、息子や娘の就職先は、確実に失われ始めています。

これは今後、必ずや大きな政治問題に発展します。そして、政治の変革を促します。政治の変革は「自由」「平等」「博愛」などといった理念ではなく、経済、つまり「お金」がうまく回らなくなったときに起きるものです。

バブルの崩壊で、中国は、極めて不安定な状況に推移することは間違いありません。

二〇四九年の中国はどうなる

バブル経済が崩壊すると、軍拡もままなりません。ソ連の三隻目の空母は、途中まで造られましたが、その後、解体されてしまいました。中国が二〇二〇年から作り始めるとされる、ロシアから設計図を買った原子力空母も、同じような運命をたどるでしょう。

では、これから中国はどうなるのでしょうか？　それはやはり、歴史が教えてくれます。

——中国で政権が倒れる最大の理由は、政権の内紛。農民一揆《いっき》は切っかけに過ぎず、多くの場合、権力構造内での闘争が、政権崩壊の原因となる。

いまの中国では、農民や市民の反乱はないでしょう。農民や市民が組織化することを許さず、また、小さな暴動でも直ちにその芽を摘んでいるからです。

一〇年以上も前の話ですが、中国政府が「法輪功《ほうりんこう》」を弾圧したことがありました。そのニュースは日本でも流れましたし、中国から逃れてきた人々が街角で署名運動をしていることもありました。

日本人からは、「法輪功」は気功を行う親睦《しんぼく》団体に見え、過激な政権批判を行う団体には見えませんでしたが、中国政府は危険な兆候を見出しました。だから弾圧したのです。

では、なぜ中国政府は、「法輪功」に危険な臭いを感じたのでしょうか。中国では、宗教団体が、容易に反政府団体に変身するからです。中国の民衆は集団ヒステリーに陥りやすいという傾向があります。

その理由は、約一〇〇〇年前の宋朝期に封建制から中央集権制に移行したため、地方の紐帯《ちゅうたい》が弱くなっているためでしょう。宗教がないことも影響していると思います。

儒教は宗教というよりも生活の規範といった面が強い。仏教が影響力を弱めてから、中国には、宗教は存在しないといってもよいでしょう。強《し》いていえば、中国人は「拝金教」の信徒ではあります。つまり、現世利益《げんせりやく》を願います。

そんな中国では、新興宗教が爆発的に広がることがあります。そして、現世利益への願いが強いため、すぐに政治化します。

一九世紀以降においても、新興キリスト教徒による太平天国の乱、義和拳《ぎわけん》を行う団体による義和団の乱などが発生。こうした中国の歴史に残る反乱は、新興宗教や武道団体が引き起こしています。中国政府は「法輪功」にそれらと同じような臭いを感じ取った。だからこそ弾圧したのです。

このように中国政府は、農民や市民が横につながることを警戒し、強く禁止しています。そのため経済が不調になったくらいでは、農民や市民の反乱は起きない。中国政府が崩壊することもありません。

中国政府が怖いのは、むしろ、都市戸籍を有し経済成長を謳歌《おうか》してきた、いわば共産党の身内ともいうべき人々による、静かな反乱でしょう。

バブルが崩壊すると、日本の「失われた二〇年」のように、政府が各種の対策を講じても、思うように経済が成長しなくなります。下落した不動産価格が再び上昇することもないでしょう。また二〇一七年の時点でも、大学の卒業生が条件のよい就職口にありつけなくなっています。この傾向が一層強まると、これまで共産党を支持してきた都市戸籍を持つ中産階級も、その不満を増大させます。

都市の中産階級の声なき声は、確実に政権の内部に届きます。都市の中産階級と共産党の利害は一致しているからです。そうなると、政権内部において、習近平下ろしが始まります。中国では、路線闘争が権力闘争として行われることもしばしばであり、それは陰湿なものになるでしょう。そして陰湿なだけに、深刻な内紛に至ると思います。

その結果として、政治は不安定化します。政治が不安定化すると、経済はますます低迷します。経済が順調に発展した過去二〇年間、中国の政治は安定していましたが、バブルが崩壊し経済が低迷する次の二〇年間、中国の政治は不安定化すると考えて間違いありません。

社会主義市場経済というシステムは鵺《ぬえ》のような存在であり、歴史的観点から見たとき、極めて不安定なのです。そのため中国は、どこかの段階で、民主主義と市場経済を組み合わせた、より透明性の高い体制に移行しなければならなくなります。

ただ、ソ連が崩壊してからのロシアの歴史を見ていると、それが直線的に進むとは思えません……。

それでも、社会主義市場経済が成長に不向きな政治経済体制であることは明確になるでしょう。また、中国が中進国の罠と呼ばれる状態に陥ることも確実です。

二〇四九年、中華人民共和国は建国一〇〇周年を迎えますが、そのときまで現在と同じ権力構造が維持されることはありません。断言してもいいでしょう。

中国がインドに追い抜かれる日

一方、現在でも厳然と存在するカースト制に悩むインドは、過去三〇年、中国のような経済成長を遂げることはできませんでした。

インドにはカースト制と民主主義が併存しています。その結果、国民会議派とインド人民党（BJP）のどちらが政権を取っても、都市に住む一部の人々だけが豊かになる「先富論」を採用することができませんでした。常に、最大の票を持っている農民や都市の貧困層を意識した政策を行わざるを得なかったのです。

その結果、インドの成長は、中国に大きく遅れてしまいました。ただ現在、BJPのナレンドラ・モディが首相になると、それでも少しずつ成長速度が高まり、二〇一六年のGDP成長率は六・八%となりました。多分に疑わしい数字とはいえ、六・七%と称する中国の成長率をも上回っています。

中国とインドの競争は、ウサギとカメの競走に似ています。中国は過去三〇年間にわたり、ウサギの勢いで急速に成長しました。民主主義がなかったから、この成長が可能だったのです。しかし、ここに来て、踏み台にしてきた九億人の農民を豊かにしなければならなくなり、大きな壁にぶち当たってしまいました。

一方、インドはカメです。その歩みは遅いのですが、民主主義が定着しているため、都市に住む人々と地方に住む人々の利害を調整しながら、着実に成長を続けています。二〇五〇年頃には、インドと中国の地位は逆転しているでしょう。

中国とインドを見ていると、イギリスのウィンストン・チャーチル首相のいった「民主主義は最悪の政治といえる。これまで試みられてきた、民主主義以外のすべての政治体制を除けばだが」という言葉を思い出します。

中国は民主主義を否定し、農民を踏み台にして、戸籍アパルトヘイトのもと、勢いよく成長することはできました。が、それが国内に大きな歪みを作り出すことになり、その是正《ぜせい》に途方もない時間が必要になりました。

民主主義がない国は、一度間違いを犯すと、その間違いを修正できず、ただ傷を深めてしまうものなのです。

中国がインドに抜かれる日——そのときが訪れても、中国の人々はまだ、社会主義市場経済という鵺のような経済体制の有効性を信じているのでしょうか。

コラム④ 中進国の罠にはまる中国

「中進国の罠《わな》」という言葉をご存知でしょうか。これは、開発途上国がある程度まで発展し、中進国と呼ばれる段階に達したあと、成長速度が著しく低下する現象を指します。現在、日本や欧米先進国の一人当たりGDPは約四万ドルですが、中進国は一万ドル前後に留まります。

中進国の罠にはまった国としては、メキシコ、ブラジル、トルコなどを挙げることができます。これらの国々は開発途上国のなかでも優等生でした。日本で開催された東京オリンピックは一九六四年でしたが、メキシコはその次。ブラジルは二〇一六年。また、トルコは二〇二〇年のオリンピック開催を東京と争いました。どの国もオリンピックを開催できるまでに発展しています。中国も二〇〇八年にオリンピックを開催しました。

二一七ページの図表12は、ブラジル、メキシコ、トルコ、中国、それにインドの一人当たりGDPの変遷を示します。ブラジル、メキシコ、トルコでは、一人当たりGDPが一万ドルを越えた付近で成長が著しく鈍化し、それどころか近年は、一人当たりGDPが下落しています。この下落は、為替がドルに対して安くなったことが主な原因ですが、経済成長率がマイナスに転じたケースもあります。

ドルベースで見ると、この数年、中国の成長率も著しく鈍化しています。ブラジルなど他の国の傾向を勘案すると、今後、中国の一人当たりのGDPが増えなくなっても少しもおかしくないといえます。

なぜ、一人当たりGDPが一万ドル程度になると経済が成長しなくなるのでしょうか？　それは、経済成長の意味するところが、インフラの整備から格差の是正などへと、質的な成長に変わるからです。

一人当たりのGDPが一万ドル程度まで、つまり発展の初期段階では、経済発展とは食料の増産や道路、橋、住宅の整備、また教育の普及などを意味します。それは目に見える豊かさです。内戦を繰り返す国では難しいのですが、政治的な安定が得られれば、この目標の達成は、それほど難しいことではありません。

中進国と呼ばれる水準に達すると、成長の波に乗って豊かになった者と乗り遅れた者とのあいだに格差が広がります。そのため中進国には、発展に取り残された者がたくさんいます。本文に述べたように、中国では農民戸籍を持つ人々が経済成長から取り残されてしまいました。そう、戸籍アパルトヘイトによって……。

中進国が先進国になるためには、底辺でうごめく人々の経済状況を改善する必要があ

図表12　一人当たりGDPに見る「中進国の罠」

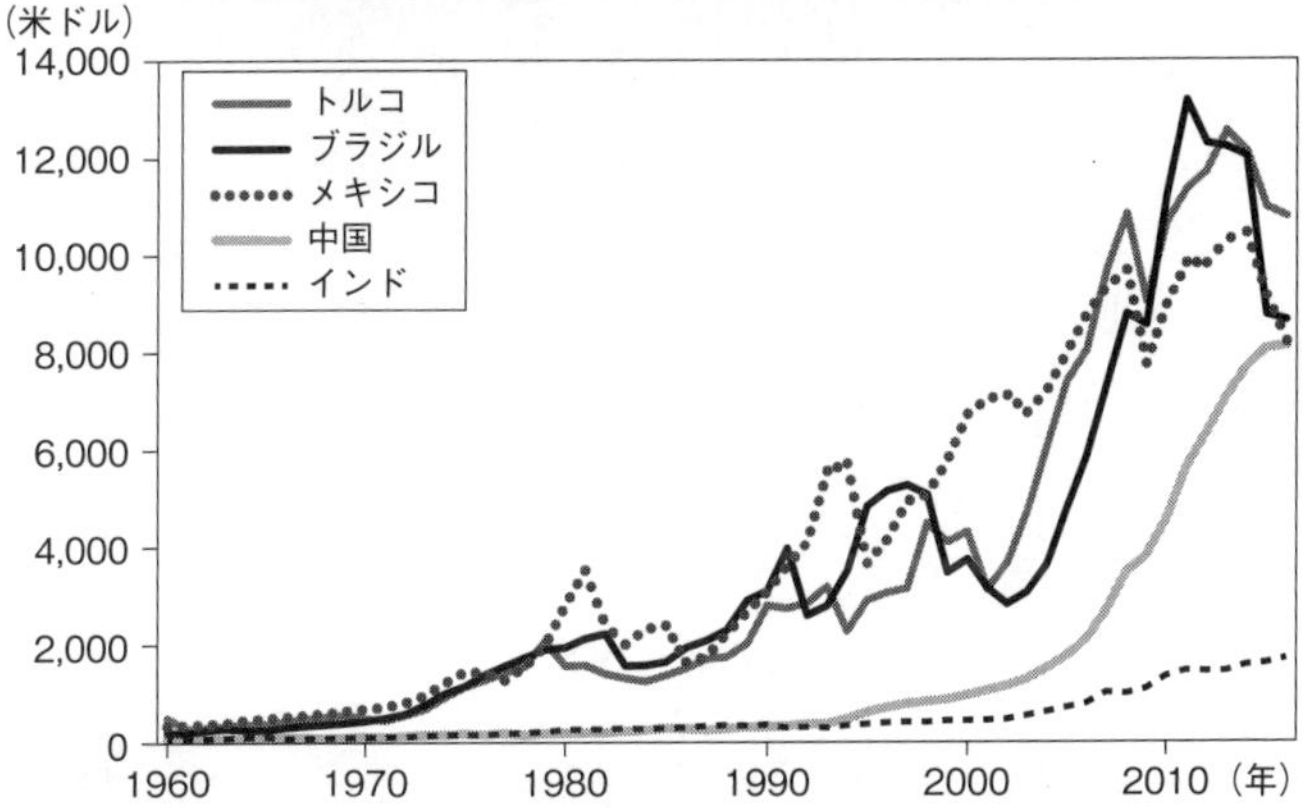

出典：世界銀行

ります。中進国になった時点で、所得のトップグループは、既に十分に豊かです。そのため、底辺の底上げをはかれば、一人当たりのGDPは自然に上昇していくのです。

しかし、多くの国において、これはなかなか難しい課題です。それを達成するには、成熟した民主主義が不可欠になるからです。

多くの問題はありますが、日本には、欧米と同様に成熟した民主主義が存在しました。国民の多くの層の声を政治に反映させることができた。その結果、一億総中流と呼ばれる社会を作り上げることに成功し、欧米先進国と肩を並べることができました。

一方、ブラジルやメキシコにも民主主義はありますが、ポピュリズムの蔓延などもあって、それは上手に機能していません。

かたや中国の習近平政権は、独裁を強化することによって、中進国の罠から逃れようとしています。しかし、それは必ず失敗に終わります。なぜなら、独裁政権は道路や橋を造ることは得意でも、成長から取り残された人々の意見を聞くことが苦手だからです。

独裁政権は、お金を持っている者、権力を持っている者の意見に寄り添うもの。そのことは歴史が証明しています。

農民戸籍を持つ者を豊かにすることができなければ、ブラジルなどと同様、中国の一人当たりＧＤＰも一万ドルを大きく超えることはないと断言できます。

これまでインドの一人当たりＧＤＰは低迷していました。二〇一六年は一七〇九ドルであり、中国の五分の一でしかありません。カースト制度など経済成長に不向きな制度や文化が現在でも人々の心のなかに強く残っているため、インド経済は勢いよく成長することができなかったのです。

しかし、イギリスに統治された経験があるためか、巨大な人口を抱えながらも、民主主義が根付きました。その結果、選挙によって都市と農村の利害を調整する政治モデルの確立に成功したようです。

そして二〇一四年からナレンドラ・モディが政権を担うようになると、経済が勢いよく成長するようになりました。本文でも述べましたが、二〇一六年のGDP成長率は六・八％であり、僅《わず》かながら中国を上回っています（もちろん中国の成長率は偽装された数字ですが）。

次の三〇年ほどのあいだ、インド経済は順調に発展すると考えられます。その最大の理由は、未だに一人当たりGDPが二〇〇〇ドルに満たないからです。政治が機能するようになれば、一人当たりのGDPが一万ドル付近にまで成長することは、それほど難しくないのです。

中国は中進国の罠にはまり、その一人当たりGDPは一万ドル付近で低迷する可能性が高いと思います。そうなると、近い将来にインドの人口が中国を上回りますから、一人当たりGDPに人口を乗ずることによって得られるGDPにおいても、インドの値が中国を上回る可能性があります。

インドのGDPが中国を上回る——それはまったくの絵空事ではない、いや、必然といえましょう。

あとがき――三回目の黄金時代を迎える日本

中国が、尖閣諸島や南シナ海の島々を支配したいとする野望を捨てることはないでしょう。それは、経済が順調に発展しなくなった今日、習近平政権が内部に対し、これまで以上に弱みを見せることができなくなってしまったからです。ですから、今後も軍拡を続けるでしょう。

現在、中国は、航空母艦「遼寧」を有し、もう一隻が艤装中です。さらにもう一隻の建造も準備しており、近い将来、三隻体制になります。これは一隻を作戦行動に、一隻を訓練に、一隻を整備に充《あ》てるので、空母を実戦配備するためには、最低、三隻が必要になるからです。つまり三隻体制にするのは、実戦で空母を使うつもりだ、ということです。

このとき日本として重要なことは、中国に隙を見せないことです。アメリカと密接に連携するとともに、特に航空自衛隊や海上自衛隊の装備を充実させる必要があります。もしもの場合に備え、緒戦《しょせん》で十分な戦果を挙げることができるよう、準備しておくことが重要なのです。

一部の人は、一〇倍もの人口を抱える中国と戦っても、持久戦になれば負けるだけだから、軍備よりも平和的な交渉に重点を置くべきだ、といっています。しかし、それは危険な考えです。中国との本格的な戦いを避けるには、緒戦で戦果を挙げることが重要なのであり、長期戦を考える必要はありません。

中国はメンツの国です。中国軍が緒戦で敗れると、それを理由にして、習近平に面従腹背していた連中が暗躍し始めます。習近平が本当に恐れているのは、日本ではなく、彼らなのです。

緒戦で大きく敗れれば、習近平は失脚する可能性が高い。そして中国では、失脚とは、政治生命だけでなく一切を失うことを意味します。

緒戦で勝てないと思えば、口をきわめて日本を罵《ののし》っても、絶対に攻めてはきません。日中戦争を戦った戦前とは状況が大きく異なります。中国は、日本との戦いを長期戦に持ち込んで屈服させる戦略を取れないのです。

また、日本が緒戦に勝利できる十分な防衛力を整備すれば、多くの虐《しいた》げられた中国の民衆も、戦争に巻き込まれることなく平和に暮らすことができます。逆説的ですが、日本が軍備を固めることは、中国の民衆のためにもなるのです。

習近平が共産党の総書記になった頃から、日本を取り巻く国際情勢は大きく変化し始めました。そう、日本に有利に展開し始めたのです。結果、いまの日本の立場は、明治期や戦後の冷戦時代によく似ています。その時代に日本経済は大いに発展したのでした。

習近平の野望によって、日本を取り巻く環境が大きく好転したともいえるでしょう。日本は明治以降において、三回目の黄金時代を迎えようとしています。

今後、日本はアメリカに協力する形で、中国の膨張を快く思っていないベトナムや、東南アジア諸国、あるいはインドと連帯し、新たな時代を切り開いていくべきでしょう。海外に飛躍する環境は整いました。

一方、戸籍アパルトヘイトを止められない中国の失速は、目前に迫っています。

二〇一七年一〇月

川島博之《かわしまひろゆき》

川島博之

1953年、東京都に生まれる。東京大学工学博士。東京大学大学院農学生命科学研究科准教授。専門は、環境経済学、開発経済学。2011年には、行政刷新会議ワーキンググループ(提言型政策仕分け)の評価者を務める。1977年、東京水産大学卒業。1983年、東京大学大学院工学系研究科博士課程単位取得のうえ退学。東京大学生産技術研究所助手、農林水産省農業環境技術研究所主任研究官、ロンドン大学客員研究員などを歴任。著書には、『「食糧危機」をあおってはいけない』(文藝春秋)、『「食料自給率」の罠　輸出が日本の農業を強くする』(朝日新聞出版)、『「作りすぎ」が日本の農業をダメにする』(日本経済新聞出版社)などがある。

講談社＋α新書《プラスアルファ》 777-1 C

戸籍《こせき》アパルトヘイト国家《こっか》・中国《ちゅうごく》の崩壊《ほうかい》

川島博之《かわしまひろゆき》 ©Hiroyuki Kawashima 2017

2017年10月19日第1刷発行
2017年11月 9 日第3刷発行

発行者——鈴木 哲
発行所——株式会社 講談社
東京都文京区音羽2-12-21 〒112-8001
電話 編集(03)5395-3522
販売(03)5395-4415
業務(03)5395-3615

カバー写真——Getty Images
デザイン——鈴木成一デザイン室
カバー印刷——共同印刷株式会社
印刷——慶昌堂印刷株式会社
製本——株式会社国宝社
本文組版——朝日メディアインターナショナル株式会社

定価はカバーに表示してあります。

落丁本・乱丁本は購入書店名を明記のうえ、小社業務あてにお送りください。

送料は小社負担にてお取り替えします。

なお、この本の内容についてのお問い合わせは第一事業局企画部「＋α新書」あてにお願いいたします。


ISBN978-4-06-291506-9